Das erste Lebensjahr

Herausgeber: Schweizerische Stiftung Pro Juventute
Marie Meierhofer Institut für das Kind
Schweizerisches Rotes Kreuz

Das erste Lebensjahr

Autorinnen: Ursula Tappolet, Schweizerische Stiftung Pro Juventute
Lydia Scheier, Marie Meierhofer Institut für das Kind
Ursula Mannale Stoffer, Mütterberatungsschwester
Sylvia Zehnder-Helbling, Schweizerisches Rotes Kreuz

verlag pro juventute

Fotos:	Ulrich Anderegg, Zürich
Umschlaggestaltung:	Thomas Benz, Zürich
Druck:	Corbaz S.A., 1820 Montreux

6., überarbeitete Auflage 1990
(190.–210. Tausend)

ISBN 3 7152 0120 7

Vorwort

Mit dieser Broschüre «Das erste Lebensjahr» wenden wir uns an Sie, werdende Eltern, Mütter und Väter, Pflegeeltern, Adoptiveltern, vielleicht Grosseltern und Tageseltern, mit dem Ziel, Sie in der Begegnung mit Ihrem Kind zu unterstützen.

Wir sind bei der Bearbeitung der einzelnen Themen davon ausgegangen, dass für Sie eine gesunde Entwicklung Ihres Kindes wichtig ist. Nicht allein das körperliche Wohlbefinden ist für diese Entwicklung massgebend, sondern ebenso die geistig-seelische und soziale Gesundheit. Durch die Art, wie Sie dem Kind begegnen, während dem Sie es ernähren und pflegen, wenn es schreit oder wenn es seine nähere und weitere Umgebung entdeckt, beeinflussen Sie seine ganzheitliche Entwicklung.

Der Inhalt dieser Broschüre kann Ihnen darin eine gewisse Orientierungshilfe sein. Doch ermuntern wir Sie, Ihren eigenen Weg zu suchen. Unsere Tips sind Anregungen zur persönlichen Auseinandersetzung.

Und noch etwas: Wir sprechen Sie in dieser Broschüre persönlich an, wohl deshalb, weil wir als Redaktionsgruppe selber Eltern sind. Mütter, denen immer wieder neu bewusst wird, dass jedes Kind seine eigene Persönlichkeit lebt, leben will. Dazu braucht es viel Offenheit, Flexibilität und auch Vertrauen in sich selbst, in das Kind und seine Entwicklungsmöglichkeiten.

Danken möchten wir an dieser Stelle allen, die unsere Arbeit unterstützt und zu unseren Entwürfen Stellung bezogen haben.

Wir wünschen Ihnen Freude, Mut und Kraft in der Begleitung Ihres Kindes auf seinem Lebensweg.

Die Redaktionsgruppe

Inhaltsverzeichnis

Sie erwarten ein Kind

«Wichtiger als alles andere, was Sie für Ihr Baby tun können, ist es wahrscheinlich, dass Sie von den allerersten Wochen an gut für sich sorgen. In Ihrer Verantwortung liegt es, für die Entwicklung Ihres Babys die bestmöglichen Bedingungen zu schaffen und sich selbst so zu pflegen, dass Sie bis ans Ende der Schwangerschaft gesund und voller Lebenskraft bleiben.»

Zitat aus: «Schwangerschaft und Geburt» von Sheila Kitzinger, Kösel Verlag München, 1982, Seite 84.

Mutter werden, Vater werden, Eltern werden

Nachdenken

Sie werden bald in einer noch nie erlebten Situation stehen als Mutter, als Vater, als Eltern. Sie haben mehrere Monate Zeit, sich auf diese grosse Veränderung einzustellen. Gefühle der Freude und der Unsicherheit wechseln sich in dieser Zeit immer wieder ab. Sie machen sich Gedanken über das Kind, das unterwegs ist, und die neue Lebensform mit ihm.

Beziehung zum ungeborenen Kind

Vielleicht entwickelt sich schon in der Schwangerschaft ein Gefühl zu dem Kind. Sprechen Sie mit ihm, versuchen Sie, das Kleine mit Ihrem Atem zu berühren, zu umfangen. Geben Sie auch Ihrem Partner die Gelegenheit, das Kind in Ihrem Leib mitzuspüren.

Was für ein Vater, was für eine Mutter wollen wir werden? Es lohnt sich, diese Frage gründlich miteinander durchzusprechen. Sie bringt eine Auseinandersetzung mit dem idealen Vater- und Mutterbild, das jeder in sich trägt, mit den Ansprüchen der Umgebung und mit den konkreten Möglichkeiten jedes einzelnen.

Lesen

Das eine oder andere Buch des Literaturverzeichnisses (Seite 105) kann Ihnen dabei helfen, indem es Sie mit den Erfahrungen konfrontiert, die andere vor Ihnen in der gleichen Situation gesammelt haben. Besuchen Sie einen Kurs für werdende Eltern, um sich mit anderen angehenden Müttern und Vätern mit dieser Veränderung vertraut zu machen.

Umstellung

Nehmen Sie sich Zeit, um sich auch Ihrer Beziehung zueinander neu bewusst zu werden, damit Ihr Kind darin seinen Platz hat mit seinem grossen Bedürfnis nach Liebe, Geborgenheit, Gehalten werden und intensiver Pflege.

Die «Geburt einer Familie» ist für alle der Anfang eines langen, gemeinsamen Weges, eines Wachstumsprozesses für das Paar als solches und für jeden einzelnen, Mann, Frau und Kind. Damit der Weg wirklich ein gemeinsamer bleibt und sich nicht jeder unmerklich in eine andere Richtung entwickelt, ist es notwendig, im Gespräch zu bleiben und einander «zuzuhören».

Soziale Kontakte in Ihrer Umgebung

Ihr Kind wird Sie anfangs sehr in Anspruch nehmen. Die persönlichen Freiheiten werden eingeschränkt oder zumindest wenig planbar. Sie werden es schätzen, in Ihrer unmittelbaren Wohnumgebung Anschluss zu finden an eine Gruppe oder an einzelne junge Mütter, welche die gleiche «Wellenlänge» haben wie Sie, ähnliche Anliegen und Interessen. Sehen Sie sich schon heute nach Möglichkeiten für soziale Kontakte im Dorf oder Quartier um.

Beziehungen pflegen

Pflegen Sie daneben Ihre bisherigen Beziehungen, die Sie auch nach der Geburt unbedingt weiterführen möchten.

Gesundheitspflege

Lebensgewohnheiten überdenken

Die erste Schwangerschaft ist eine gute Gelegenheit, die eigenen Lebensgewohnheiten zu überdenken und gegebenenfalls zu verändern. Es gibt einige Bereiche, die in dieser Zeit besonders berücksichtigt werden müssen:

Ernährung

Die schwangere Frau «isst für zwei» – zwar nicht im Sinne von doppelten Mengen, aber doch im Sinne, dass sich der Körper ihres Kindes aus den Baustoffen aufbaut, die sie zu sich nimmt.

Wichtig ist eine ausgewogene, vollwertige Mischkost mit täglicher Zufuhr von:

Vollwertige Mischkost

- Vollwertigem Eiweiss (in Milchprodukten, Fleisch, Fisch, Hülsenfrüchten, Eiern)
- Vitaminen, Mineralien und Spurenelementen (in rohem und knackig gekochtem Gemüse, Salaten, Frischobst, Vollkornprodukten)
- Fettsäuren (kaltgepresste Pflanzenöle, Butter, Rahm und Käse in kleinen Mengen)

Vermeiden Sie jede Art von einseitiger Kost, insbesondere den ausschliesslichen Konsum von denaturierten Lebensmitteln (z. B. Weiss- und Ruchmehl, Fabrikzucker, raffinierte Oele), ein Zuviel an süssen Backwaren, an Fleisch- und Wurstwaren, an Kochsalz . Bei salzreicher Ernährung wird im Körper Wasser zurückbehalten und im Gewebe abgelagert.

Bei aller Sorgfalt soll Ihnen das Essen schmecken! Ein tägliches Frischkornmüesli zum Frühstück oder ab und zu als Nachtessen könnte zu einer guten Gewohnheit werden.

Gelüste beim Essen

Viele Frauen haben in dieser Zeit starke Vorlieben für bestimmte Nahrungsmittel. Schätzen Sie ab, ob Sie diesen Gelüsten im Hinblick auf Ihre Gesundheit bedenkenlos nachgeben dürfen.

Verdauung

Die Neigung zu Verstopfung kann sich während der Schwangerschaft verstärken.

Zur Anregung der Darmtätigkeit empfiehlt sich:

Was hilft?

- Ernährungsumstellung; mehr Obst, rohes Gemüse, Fruchtsäfte, Vollkornbrot
- Vor dem Frühstück lauwarmes Wasser oder Fruchtsaft trinken
- Eingeweichte gedörrte Feigen oder Zwetschgen essen
- 1–2 Kaffeelöffel Leinsamen oder Weizenkleie dem Frischkornmüesli beigeben und dazu genügend trinken

Starke Abführmittel vermeiden, da sie den Darm reizen oder sogar die Gebärmutter zur Tätigkeit anregen können: sie dürfen nur auf Verordnung des Arztes eingenommen werden.

Vorsicht mit Alkohol, Rauchen und Medikamenten

Alkohol

Verzichten Sie auf alkoholhaltige Getränke, die für das werdende Kind gefährlich sind.

Rauchen

Wenn Sie viel rauchen, sollten Sie unbedingt versuchen, das Rauchen auf einige Zigaretten einzuschränken oder – noch besser – ganz aufzuhören: Ihr Kind raucht mit und nimmt Schaden!

Medikamente und Heilmittel

Medikamente und Heilmittel können auf das werdende Kind einwirken. Sie sollten nur mit grösster Vorsicht und auf ärztliche Anordnung hin eingenommen werden.

Körperpflege

Persönliche Hygiene

Die Schwangerschaft bewirkt einen höheren Umsatz von Energie im Körper der Frau. Die dadurch entstehende Wärme muss abgegeben werden. Dies geschieht durch vermehrtes schwitzen. Duschen oder baden Sie öfters. Eine sorgfältige Intimpflege hilft, Infektionen zu vermeiden (von vorne nach hinten waschen, damit keine Keime vom Darm in die Scheide gelangen). Scharfe Seifen und Intimsprays zerstören zudem die natürliche Schutzschicht der Scheide.

Brüste und Bauch

Massieren Sie Ihren Bauch, die Brüste und evtl. die Oberschenkel täglich – benützen Sie dazu Oel – damit die Haut elastisch bleibt. So können Schwangerschaftsstreifen teilweise vermieden werden.

Bereits während der Schwangerschaft bereiten Sie Ihre Brüste auf das Stillen vor. Massieren Sie die Brustwarzen täglich mit einem Frottiertuch. Zusätzlich hilft das Herausziehen und Drehen der Brustwarze zwischen Daumen und Zeigefinger, erspüren Sie selber, wie stark die Massage sein darf. Auch kalte Waschungen und einreiben mit Zitronensaft oder Myrrhentinktur machen die Brustwarzen strapazierfähiger. Falls Sie Hohl- oder Flachwarzen haben, lassen Sie sich durch die Mütterberatungsschwester oder ein Mitglied der La Leche Liga (LLL, Adressenverzeichnis Seite 102) über die Vorbereitung Ihrer Brüste auf das Stillen beraten.

Damm

Gut ist es, sich während der Schwangerschaft regelmässig den Damm mit Weizenkeimöl (im letzten Monat event. auch mit Kupfersalbe, die das Gewebe besonders weich macht) zu massieren. Dadurch wird das Gewebe gepflegt, gut durchblutet und elastischer. Auch Beckenbodenübungen helfen den Damm auf die Geburt vorzubereiten. Eine ganz einfache doch wirksame Übung kann täglich beim Wasserlösen durchgeführt werden, mehrmals anspannen, unterbrechen, loslassen, auch das Anspannen des Beckenbodens ist gut.

Pflege der Beine

Das zunehmende Gewicht des Kindes drückt auf die Beckenvenen; es können Krampfadern entstehen. Es ist daher wichtig, den Rückfluss des Blutes durch folgende Massnahmen zu fördern:

- Fussende des Bettes hochstellen
- Langes Stehen möglichst vermeiden
- Beim Sitzen die Beine auf einen Stuhl legen
- Morgens und abends Beinturnen (auf dem Rücken liegen und «velofahren») und bei jeder Gelegenheit Fussturnen (Füsse abwechslungsweise in allen Richtungen kreisen und auf- und abwippen)
- Gummistrümpfe nur auf ärztliche Verordnung tragen
- Gutsitzende, bequeme Schuhe tragen oder barfuss gehen

Weitere körperbezogene Bedürfnisse

Wohlbefinden

Die Schwangerschaft ist ein natürlicher Vorgang, auf den der weibliche Körper sich einrichtet. Und dafür braucht er Zeit. So kann in den ersten drei Monaten, teilweise auch während der ganzen Schwangerschaft, Ihr Wohlbefinden beeinträchtigt sein (z. B. Stimmungsschwankungen, Übelkeit, Müdigkeit).

Schlafbedürfnis

Vielleicht benötigen Sie mehr Schlaf. Ein ausgeruhter Körper trägt viel zu einer guten Geburt bei. In den ersten Wochen zu Hause mit dem Neugeborenen kommen Sie kaum zu einem ungestörten Nachtschlaf und sind froh, wenn Sie sich vorher genügend ausruhen konnten.

Bewegung und Sport

Sie brauchen nicht plötzlich eine Top-Sportlerin zu werden (Leistungssport sollten Sie vorläufig ohnehin einschränken), doch regelmässig betriebener Sport

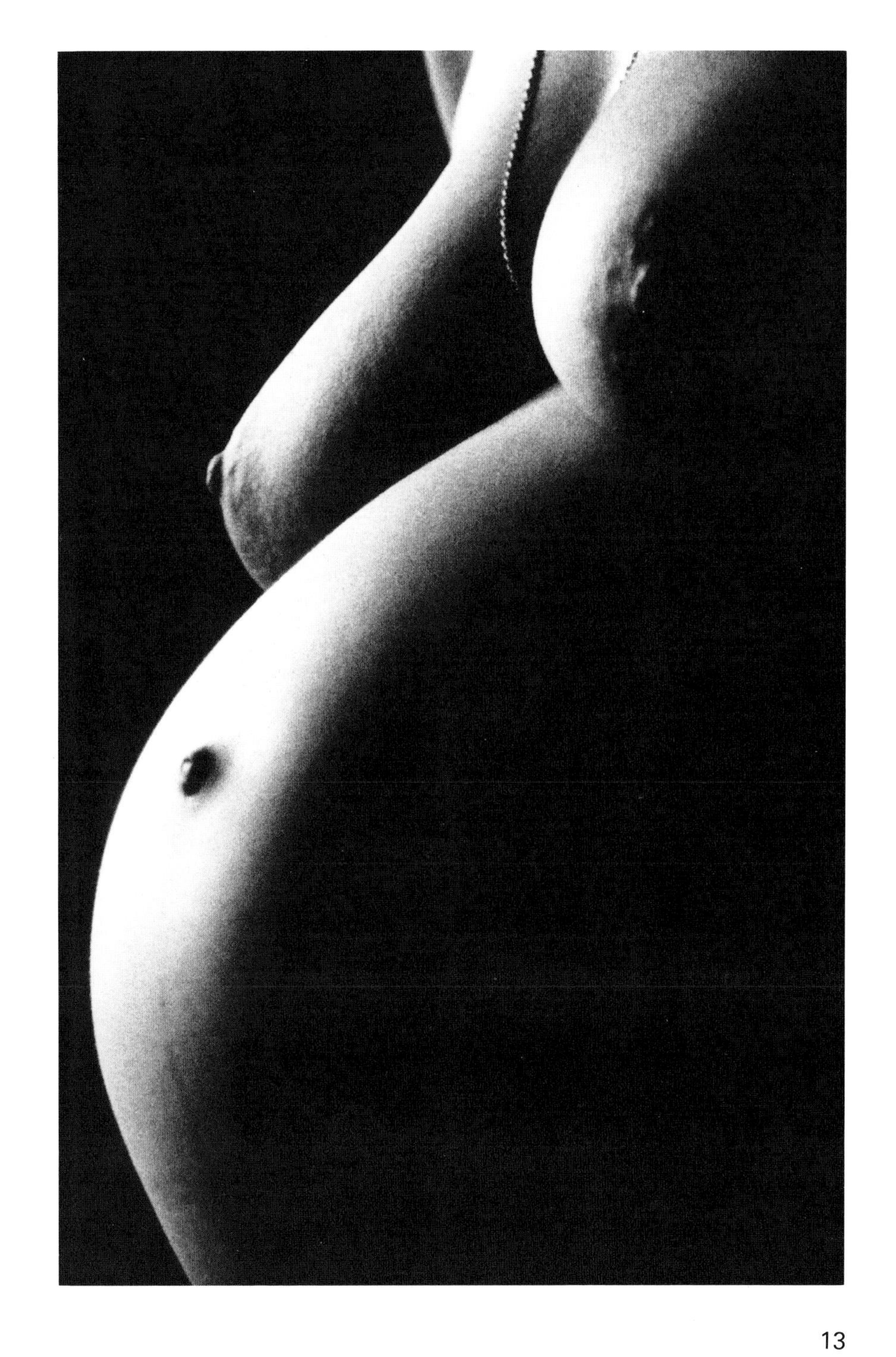

kann zu Ihrem Wohlbefinden beitragen. Schwimmen, Wandern, zügiges Spazieren an der frischen Luft, auch regelmässige Turnübungen und Tanzen sind zu empfehlen.

Reisen

Sie haben eine grössere Reise vorgesehen oder eine Bergtour. Überfordern Sie sich nicht! Achten Sie auf die Signale Ihres Körpers.

Geschlechtsverkehr

Vielleicht haben Sie während der Schwangerschaft ein grosses Bedürfnis nach Zärtlichkeit, vielleicht aber auch mehr oder weniger Lust auf Geschlechtsverkehr. Versuchen Sie mit Ihrem Partner, über Ihre Gefühle, Empfindungen und Bedürfnisse offen zu sprechen. Es gibt Wege und Möglichkeiten, auch während der Schwangerschaft gegenseitige sexuelle Erfüllungen zu finden. Es braucht viel Einfühlungsvermögen von beiden Seiten her. Sie können sich auch an Ihren Arzt wenden, vor allem wenn Sie Unklarheiten in medizinischer Hinsicht haben. Bei Komplikationen während der Schwangerschaft besprechen Sie diese Fragen ebenfalls mit Ihrem Arzt.

Ärztliche Kontrollen

Ärztliche Kontrollen

Regelmässige ärztliche Kontrollen zur Verhütung und Früherfassung von Komplikationen während der Schwangerschaft sind wichtig. Es lohnt sich, einen Arzt* zu wählen, zu dem Sie volles Vertrauen haben. Notieren Sie Ihre Fragen im voraus.

Gewichtszunahme

Bis zum Ende der Schwangerschaft steigt das Körpergewicht ungefähr um 10 kg durch das Wachsen des Kindes, der Gebärmutter und des Mutterkuchens sowie durch die Zunahme von Fruchtwasser und Körperflüssigkeit im Gewebe und im Blut. In den ersten drei Monaten besteht meist keine Gewichtszunahme. Vom 4. Monat an beträgt die durchschnittliche Zunahme 1–2 kg monatlich.

Störungen während der Schwangerschaft

Während einer Schwangerschaft können verschiedene Störungen auftreten, die eine zusätzliche ärztliche Kontrolle verlangen:

- Starkes, anhaltendes Erbrechen
- Fieber
- Anschwellen von Gesicht und Händen
- Geschwollene Beine und Krampfadern
- Rascher Gewichtsanstieg
- Gewichtsverlust
- Scheidenblutung
- Übelriechender Ausfluss
- Anhaltende Schmerzen
- Fehlende Kindsbewegungen nach dem 6. Monat

* Arzt steht hier wie im ganzen folgenden Text für Arzt und Ärztin. Gemeint ist Ihr Hausarzt oder ein Spezialist (Frauenarzt, Kinderarzt).

Vorbereitungen für das Kind

Was brauchen Sie wirklich?

Bevor Sie Artikel kaufen, die Ihnen angeboten werden oder die Sie bei Freunden gesehen haben, sollten Sie sich überlegen, wie Ihr Alltag mit Ihrem Kind überhaupt aussehen soll. Davon wird abhängen, was Sie wirklich brauchen und anschaffen sollen.
Bei allen Vorbereitungen für das Kind können folgende Überlegungen hilfreich sein:

- Finanzielle Möglichkeiten
- Anpassung von Bestehendem an die Bedürfnisse von Eltern und Kind
- Geburtstermin (Jahreszeit)
- Austauschmöglichkeiten von Säuglingssachen unter Müttern oder an der Baby-Kleiderbörse
- Eigene Erziehungsgrundsätze
- Mögliche Geschenke

Sicher benötigen Sie einen Platz zum Wickeln und einen Platz zum Schlafen sowie einige Kleider.

Der Wickelplatz

Wickeltisch

Der Wickeltisch (-kommode) sollte so hoch sein, dass Sie aufrecht daran arbeiten können (schont Ihren Rücken!) und gross genug sein. Vielleicht ziehen Sie es jedoch vor, im Schneidersitz am Boden oder auf dem Boden kniend das Kind in Ihrem Bett zu wickeln.

Wickelkissen

Das Wickelkissen (mind. 50 × 60 cm) sollte gross genug sein und mit einer Windel oder einem Frotteetuch gedeckt sein.

Zubehör

Griffbereit sind folgende Pflege-Utensilien:

Watte
Oel
Hautschutz- und Wundsalbe
Desinfektionsmittel
Nagelschere (mit abgerundeten Enden)
Babyhaarbürste, mit nicht zu weichen Borsten
2 grosse Badetücher 90 × 90 cm
Kleine Gazetüechli (Mundtüechli) als Waschlappen
1–2 Waschlappen
1 Gefäss für den Abfall
1 (Windel-)Kübel mit Deckel
Fieberthermometer
Badethermometer
Babybadewanne oder grosser Plastikzuber

Der Schlafplatz

Wiege, Korb oder Stubenwagen

In den ersten Lebensmonaten hat das Kind in einer Wiege, einem Korb oder Stubenwagen Platz; später braucht es ein Bett, in dem es sich aufrichten kann, ohne sich zu gefährden. Auch eine Matratze auf dem Boden genügt.

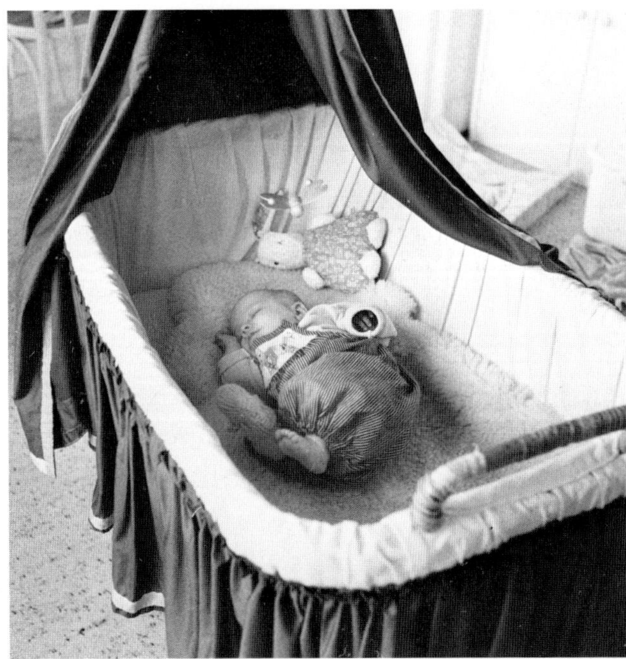

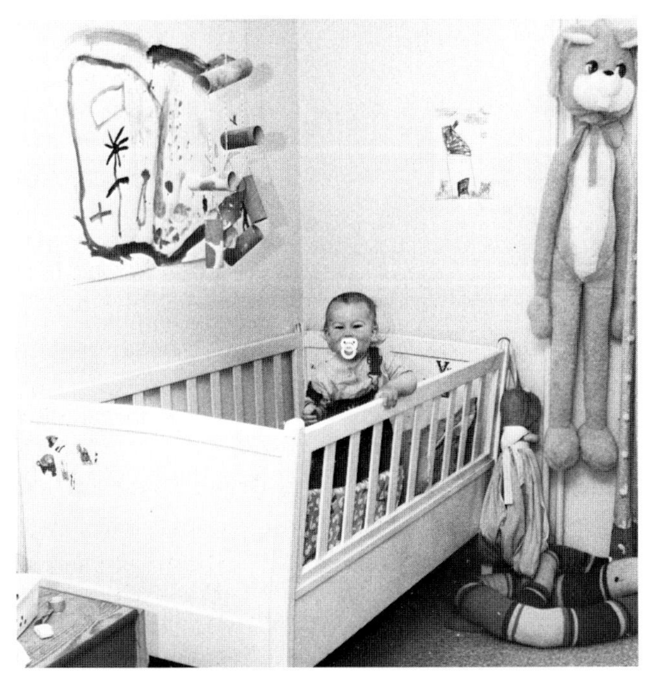

Dieser Schlafplatz sollte – wenn möglich – ruhig (von der Strasse abgewandte Seite der Wohnung) und hell sein.

Bettinhalt

Relativ harte Matratze (z. B. Schaumstoff)
1 gummierter Molton in Matratzengrösse
2–3 Unterleintücher (z. B. Fixleintücher)
Wolldecke
Leichtes Duvet mit 2–3 Anzügen
Evtl. Schaffell
Evtl. Bettflasche mit Hülle
Evtl. Schlafsack

Im Säuglingsalter soll kein Kopfkissen verwendet werden.

Kinderzimmer

Eigentlich brauchen Sie nicht sofort ein «Kinderzimmer». Nachts schläft das Kleine am besten in Ihrer Nähe. So können Sie das Kind bequem beruhigen und stillen. Tagsüber und vor allem auch in Wachzeiten ist es ohnehin bei seinen Betreuern.

Die Babyaussteuer

Windeln

12–24 Flanell- oder Crêpewindeln 80 × 80 cm
12–24 Gazewindeln 80 × 80 cm
1 Paket Gazewindel 60 × 60 cm
2– 4 Plastikhöschen oder
1 Paket Plastikfolien Grösse 2 oder Rohwollhöschen
2– 4 Trockenwindeln für die Nacht (z. B. Bobaby)

Kleider

2 Hemdchen Grösse 62
4 Hemdchen Grösse 68
4– 6 Baumwollschlüttli oder Pulloverli aus Baumwolle und Plüsch
4– 6 Strampelhöschen, Stretchhöschen oder Combi aus Baumwolle, Frottee oder Plüsch (durchgehend aufknöpfbar)
2– 3 Paar Finkli aus Wolle

Für kühlere Tage dienen Ihnen:

1 Käppchen aus Baumwolle

Für den Ausgang im Winter und während der Übergangszeit benötigen Sie:

1– 2 Schlüttli oder Pulloverli aus Wolle
1 Strampelhose aus Wolle
1 Wolljäckli
1 Paar Handschuhe aus Wolle
1 Käppchen aus Wolle oder Seide

Allgemeines

Neues zuerst waschen

Bereiten Sie die Säuglingsausstattung sechs bis acht Wochen vor dem Geburtstermin vor. Die Bekleidung sollte möglichst aus Naturfasern sein. Alle Wäschestücke (neu oder gebraucht) werden vor dem ersten Gebrauch gewaschen (Waschmittel auf Seifenbasis wählen und Gewebeveredler weglassen – er verursacht häufig Reizungen).

Rohwollhöschen

Anstelle der Plastikhöschen oder -folien können Sie auch Rohwollhöschen verwenden (2–3 Stück).

Windeln

Vielleicht wollen Sie Stoffwindeln mit Windelhöschen kombinieren oder ausschliesslich Windelhöschen verwenden. Passen Sie also die Anzahl Stoffwindeln entsprechend an. Auch wenn Sie nur Windelhöschen verwenden wollen, ist es ratsam, einige Stoffwindeln in Reserve zu haben (z. B. bei Hautausschlägen).

Schoppenflaschen

Selbst wenn Sie Ihr Kind stillen werden, kaufen Sie eine oder zwei Schoppenflaschen mit Sauger (z. T. schon gelocht) z. B. für Tee, abgepumpte Milch und zum Reinigen eine Flaschenbürste.

Für den Ausgang

Tragsack oder Tragtuch Tragtasche Ausgangswagen Sicherheitsgurten für Tragtasche im Auto, Sicherheitssitz	je nach Vorlieben allmählich anschaffen

Krankenversicherung

Denken Sie ebenfalls daran, Ihr Kind frühzeitig bei einer Krankenkasse oder Privatversicherungsgesellschaft gegen Krankheits- und Unfallfolgen zu versichern, damit die Versicherungsleistungen sofort ab Geburt bezahlt werden.

Gesetzliche Rechte

Gesetzliche Rechte der berufstätigen Mutter

Die besonderen Rechte von Schwangeren und Wöchnerinnen ergeben sich einerseits aus Gesetzen, anderseits aus Anstellungsreglementen oder Arbeitsverträgen, die weitergehende Vorteile gewähren. Es gibt zwei grundsätzlich verschiedene Formen der Anstellung:

Privatrechtliche / öffentliche Arbeitsverhältnisse

- den privatrechtlichen Arbeitsvertrag (z. B. in Privatwirtschaft, Arztpraxen)
- die öffentlichen Arbeitsverhältnisse, evtl. im Beamtenstatus (z. B. öffentliche Verwaltungen)

Damit die dem Arbeitsverhältnis entsprechende Rechtsgrundlage erfasst werden kann, muss abgeklärt werden, welches der obengenannten Arbeitsverhältnisse Ihrem Vertrag entspricht.

Gesetze und Reglemente

Für privatrechtliche Arbeitsverträge sind die Bestimmungen des Arbeitsgesetzes (ArG) und des Obligationenrechts (OR) massgebend. Auf öffentlich-rechtliche Arbeitsverhältnisse sind diese Gesetze nicht anwendbar. Statt dessen müssen die kantonalen/kommunalen Gesetze und Reglemente konsultiert werden.

Nähere Auskünfte können erteilen:

- Personaldienst Ihres Arbeitgebers
- Kantonales Amt für Industrie, Gewerbe und Arbeit (KIGA)
- Kantonale und städtische Personalämter

Bei Streitigkeiten gilt folgendes:

Streitigkeiten

- Beim privatrechtlichen Arbeitsvertrag können die Arbeitsgerichte Ihres Wohn- oder Arbeitsortes angegangen werden. Diese sind aufgrund von Art. 343, OR befugt, Streitfälle, bei denen es nicht um mehr als Fr. 5'000.– geht, in einem unentgeltlichen Verfahren (ohne Beizug von Anwälten) zu entscheiden.
- Beim öffentlich-rechtlichen Arbeitsverhältnis besteht in aller Regel ebenfalls eine Rekursmöglichkeit, doch muss von Fall zu Fall abgeklärt werden, welche städtische oder kantonale Behörde zuständig ist.

Gesetzesauszug anfordern

Ein Auszug der wichtigsten Vorschriften betreffend den Schutz der schwangeren Frauen, der Wöchnerinnen und stillenden Mütter aus ArG und OR können beim Bundesamt für Industrie, Gewerbe und Arbeit bezogen werden (Adressenverzeichnis Seite 104).

Gesetzliche Rechte des Kindes

Die Beziehungen zwischen Eltern und Kind sind im Schweizerischen Zivilgesetzbuch geregelt, nämlich:

- Die Entstehung des Kindesverhältnisses, u. a.:
  Die Vaterschaft des Ehemannes
  Anerkennung und Vaterschaftsurteil
  Die Adoption
- Die Wirkung des Kindesverhältnisses, u. a.:
  Die Gemeinschaft der Eltern und Kinder
  Die Unterhaltspflicht der Eltern
- Die elterliche Gewalt und die Vormundschaft
- Das Kindesvermögen

Beratung zur Klärung der Rechtsverhältnisse

Vielleicht befinden Sie sich in einer Situation (z. B. als unverheiratete Mutter), welche für die Klärung der Rechtsverhältnisse Ihres Kindes eine Beratung erfordert. Auch bezüglich der Alimentenbevorschussung können Sie sich auf dem Gemeinde- oder Sozialamt informieren lassen.

Geburtsvorbereitung und Geburt

«Ein Stück von dir
ein Stück von mir
und doch vollkommen neu
in meinem Bauch
gewachsen
mit Schmerzen
und Staunen entbunden
abgenabelt
herumgetragen
gestillt
gewickelt
ertragen
dieses fremde Wesen
das nach und nach
zu uns gehört
und kaum dass es
gehen gelernt hat
sich schon wieder
Schritt um Schritt
von uns
zu sich entfernt.»

Gedicht aus: «Muttermomente» von Barbara Traber, Edition Erpf, 1985, Seite 12.

Vorbereitungskurse

Es gibt verschiedene Kurse, um sich auf die Geburt vorzubereiten. Besuchen Sie – wenn möglich – einen Kurs, an dem Sie zu zweit teilnehmen können.

Schwangerschaftsturnen

Ein wichtiger Teil ist die körperliche Vorbereitung, z. B. mit Schwangerschaftsturnen. Das Schwangerschaftsturnen, das Sie etwa im 6. Monat beginnen können, hilft Ihnen, Ihren Körper besser zu spüren, die Muskeln für die Geburt zu stärken, den Rücken zu entlasten und sich zu entspannen. Ihr Partner kann Sie bei diesen Übungen unterstützen. In diesen Kursen werden Sie auch über den Geburtsablauf informiert. Sie lernen die verschiedenen Phasen kennen und können Ihre persönlichen Fragen zu diesem bedeutenden Vorgang stellen.

Säuglingspflegekurse

In den Kursen für werdende Eltern (Säuglingspflegekurse) erfahren Sie, wie Sie sich auf die Geburt und das Zusammenleben mit Ihrem Kind vorbereiten können. Diese Kurse werden meist von der Mütterberatungsschwester Ihrer Region oder von einer Kurslehrerin SRK erteilt (Adressenverzeichnis Seite 102).

Geburtsvorbereitungskurse

Immer mehr werden auch spezielle Vorbereitungskurse, die auf eine bestimmte Geburtsweise vorbereiten, angeboten: z. B. Methoden nach Fernand Lamaze oder spezielle Atem- und Entspannungskurse. Über diese Kurse erfahren Sie mehr bei der Mütterberatungsschwester, bei der Informationsstelle für Schwangerschaft und Geburt oder evtl. bei einer Hebamme, einem Arzt (Adressenverzeichnis Seite 102).

Spitalgeburt, ambulante Geburt und Hausgeburt

Spitalgeburt: Spital wählen und besichtigen

Sie haben sich entschieden, Ihr Kind im Spital zu gebären.

- Wählen Sie dasjenige Spital, das Ihren Wünschen entspricht.
- Besuchen Sie verschiedene Spitäler, sprechen Sie über Ihre Vorstellungen.
- Erkundigen Sie sich frühzeitig, Sie werden gerne empfangen.

Es ist beruhigend, den Raum und die Atmosphäre zu kennen, in dem Sie Ihr Kind gebären werden.

Ambulante Geburt

Bei der ambulanten Geburt gebären Sie Ihr Kind im Spital und kehren nach einigen Stunden zusammen heim. Eine von Ihnen gewählte Hebamme wird Sie während der Wochenbettzeit (7–10 Tage) ein- bis zweimal täglich besuchen und begleiten. Nehmen Sie frühzeitig mit ihr Kontakt auf. Die Hebamme kann Sie in der Pflege des Kindes anleiten. Der Arzt wird informiert und kann bei Schwierigkeiten beigezogen werden. Für den Fall, dass Ihr Spitalaufenthalt doch länger wird, als geplant, sollten Sie die vom Spital empfohlenen Sachen vorbereitet haben.

Hausgeburt: enger Kontakt mit der Hebamme

Bei der Hausgeburt ist es von Vorteil, wenn Sie mit der Hebamme während der Schwangerschaft und vor allem kurz vor der Geburt Kontakt pflegen. Gehen Sie – wenn möglich – zu demjenigen Arzt in die Schwangerschaftsuntersuchungen, der bei der Geburt anwesend sein wird. Überlegen Sie sich, ob Sie (evtl. zusätzlich zum Partner) eine vertraute Freundin oder Verwandte zur Unterstützung bei der Geburt dabeihaben möchten. Bei der ambulanten Geburt sowie bei der Hausgeburt wird Sie die Hebamme über die Vorbereitungen informieren. Adressen von freiberuflich tätigen Hebammen erhalten Sie bei Ihrer Mütterberatungsschwester, Ihrem Arzt oder dem Hebammenverband (Adressenverzeichnis Seite 102). Der Finanzierungsmodus muss mit der Krankenkasse frühzeitig geregelt werden.

Wer erledigt die Hausarbeiten?

Organisieren Sie frühzeitig eine Hauspflegerin (Familienhelferin), oder vielleicht finden Sie in Ihrem Bekanntenkreis eine zuverlässige, einfühlsame Person, die Ihnen in der ersten Zeit die Hausarbeiten erledigt.

Wenn es nicht so läuft, wie . . .

Wenn es nicht so läuft wie...

Trotz guter Geburtsvorbereitung kann es vorkommen, dass einiges ganz anders verläuft, als Sie es sich vorgestellt oder gewünscht haben. Manchmal sind medizinische Entscheide notwendig. Lassen Sie sich die unvorhergesehene Situation erklären. Wichtig ist, dass Sie beide informiert sind und Sie sich gegenseitig unterstützen können.

Ängste, Schmerz und Enttäuschungen brauchen oft recht viel Zeit und einfühlendes Verständnis, um verarbeitet zu werden. Versuchen Sie, nach der Geburt mit dem Partner, der Hebamme, dem Arzt oder mit anderen ähnlich betroffenen Frauen darüber zu sprechen.

Wie kündigt sich die Geburt an?

Schleimpfropf

Der Schleimpfropf (evtl. leicht mit Blut vermischt), der während der Schwangerschaft den Muttermund verschliesst, löst sich und geht ab – was in manchen Fällen von der Frau bemerkt wird.

Wehen

Im weiteren Verlauf nimmt die Gebärmutter ihre Wehentätigkeit auf, das heisst, sie zieht sich in Abständen zusammen (ein Ziehen wird z. B. im Kreuz oder in der Leistengegend gespürt, oder der Bauch wird hart). Sobald die Wehen in regelmässigen Abständen (ca. alle 5 Minuten) auftreten, sollten die Hebamme oder der Arzt benachrichtigt werden. Vielleicht empfinden Sie Ihre Wehen unregelmässig, aber trotzdem stark, oder Sie sind sonstwie beunruhigt; setzen Sie sich auf jeden Fall mit den zuständigen Personen in Verbindung.

Fruchtblase

Die Fruchtblase platzt, und etwa ein halber Liter Fruchtwasser (wasserklar, mit Urin nicht zu verwechseln) geht ab. Das kann irgendwann tagsüber oder in der Nacht geschehen (Matratze ca. ab 7. Monat schützen), auch bevor Wehen auftreten. In diesem Fall setzt die Wehentätigkeit eine oder mehrere Stunden später ein. Bei einem Blasensprung Arzt oder Hebamme verständigen.

Die Geburt verläuft in drei Phasen:

Eröffnungsphase

Die erste Phase, die Eröffnungsphase, dauert am längsten. Der Muttermund öffnet sich allmählich bei jeder Wehe – die Hebamme gibt an, welchen Durchmesser die Öffnung erreicht hat. Die Wehen werden in der Regel länger und intensiver, sie treten immer häufiger auf und lassen der Gebärenden nur wenig Zeit, sich zwischendurch zu erholen. Die letzten Eröffnungswehen sind die schmerzhaftesten der ganzen Geburt. Erst wenn der Muttermund vollständig offen ist (etwa 10 cm), kann das Kind die Gebärmutter verlassen und in den Geburtskanal (Scheide) eintreten.

Austreibungsphase

Damit hat die zweite Phase, die Austreibungsphase, begonnen. Das Kind passiert nun die Scheide. Die Mutter verspürt Pressdrang. Oft vergrössert der Arzt mit einem kleinen, schmerzlosen Schnitt den Scheidenausgang («Dammschnitt»), um den Austritt des Köpfchens zu erleichtern und einem Dammriss vorzubeugen. Der Kopf des Kindes wird sichtbar, dann die Stirn und das Gesicht.

Der Kopf wird geboren, danach die Schultern und der übrige Körper. Das Kind ist da. Der längst ersehnte Augenblick ist gekommen. Ihre vielen Fragen bekommen eine Antwort. Das Kind wird der Mutter auf den Bauch gelegt, und nach einer gewissen Zeit wird die Nabelschnur durchgetrennt.

Nachgeburtsphase

Die dritte Phase heisst «Nachgeburtsphase»: Etwa eine Viertelstunde nach der Geburt des Kindes setzen nochmals Wehen ein, und die Nachgeburt (Mutterkuchen und Eihäute) wird geboren.

Begleitung

Für die meisten Frauen ist der Partner oder eine nahestehende Person während der Geburt sehr wichtig. Der Partner kann unterstützen, indem er seine Partnerin massiert, mit ihr atmet, ihre Wünsche weiterleitet und als vertraute Person zur Seite steht. Dies kann gerade in jenen Fällen wichtig sein, in denen die Eröffnungsphase lange dauert.

Das neugeborene Kind

Eine grosse Umstellung

Geborenwerden bedeutet für das Kind eine grosse Umstellung. Es verlässt die weiche, warme Geborgenheit des Mutterleibes, wo es mit allem, was es brauchte, versorgt worden ist. Es kommt in eine Welt mit völlig neuen Bedingungen:

Das Neugeborene muss nun selber atmen, trinken, verdauen, ausscheiden und seine Temperatur regulieren

- Nach dem ständigen Umfangensein durch die Gebärmutter erlebt es nun wesentlich flüchtigere Berührungen
- Das Geschaukeltwerden im Mutterleib nimmt ein brüskes Ende
- Nachdem es im Mutterleib rund um die Uhr über die Nabelschnur mit Sauerstoff und Nahrung versorgt wurde, muss es nun selber atmen, Nahrung aufnehmen, verdauen und ausscheiden
- Nach der warmen Umgebung von 37° C muss es sich auf eine kühlere Raumtemperatur umstellen und seine Körpertemperatur selbst regulieren.
- Nach der Dunkelheit kommt es ans Licht

Sie erleichtern Ihrem Kind den Übergang von seiner vertrauten Welt im Mutterleib in die Welt ausserhalb, wenn

Kind an den eigenen Körper nehmen

- Sie es gleich nach der Geburt auf Ihren Bauch legen und stillen
- Sie es möglichst oft an den eigenen Körper nehmen, es streicheln, wiegen und zu ihm sprechen

Die Geburt des Kindes ist für die Eltern ein unvergesslicher Augenblick. Vielleicht schwingt auch eine leise Enttäuschung mit, da Sie sich Ihr Kind anders vorgestellt haben. Lassen Sie sich einfach Zeit, einander näherzukommen, sich zu begegnen, sich liebenzulernen. Beobachten Sie das kleine Wesen, entdecken Sie es! Schon neugeborene Kinder haben ganz unterschiedliche Temperamente.

Die Signale des Neugeborenen sind Nah-Signale

Das Neugeborene kann noch nicht sprechen, aber es kann erstaunlich gut mitteilen, was es braucht: durch Zappeln, Fuchteln, Schnaufen, Stöhnen, Wimmern, Keuchen, Sich-Krümmen, Sich-Strecken, Sich-Anschmiegen und Stirnrunzeln. Es sind ausnahmslos Nah-Signale, die unmittelbare körperliche Nähe der Bezugsperson voraussetzen. Werden diese Signale nicht beachtet, bleibt dem Neugeborenen nichts anderes übrig, als zu schreien.

Reflexe

Ganz hilflos, wie es den Eindruck macht, ist das kleine Wesen nicht. Es verfügt, neben den oben erwähnten Ausdrucksmöglichkeiten, über ein ganzes Repertoire von Reflexen, d. h. von angepassten Verhaltensweisen, die in einer bestimmten Situation, als Reaktion auf bestimmte Sinnesreize, mehr oder weniger «automatisch» ablaufen. Zu den wichtigsten zählen Such-, Saug- und Schluckreflexe.

Sinnesempfindungen

Die folgenden Empfindungen sind beim Neugeborenen am weitesten entwickelt: (Empfindungen von Berührung, Gehaltenwerden, Wärme und Kälte, Sinn für Lage und Bewegungen des eigenen Körpers). Hören kann das Kind von Anfang an, es erkennt sogar Geräusche aus der vorgeburtlichen Zeit (vertraute Stimmen, Herzschlag, Musik). Das Sehen ist in den ersten Wochen vergleichsweise weniger entwickelt: das Neugeborene sieht nur in einer Entfernung von ungefähr 20 cm deutlich, es interessiert sich lebhaft für menschliche Gesichter.

Was braucht ein Neugeborenes?

Das Kind ist von der ersten Stunde an ein Persönchen mit ganz bestimmten Bedürfnissen. Zu seiner gesunden Entwicklung braucht es:

- Angenommensein, Dazugehören
- Liebe, Zärtlichkeit, Körperkontakt
- Zuwendung (Getragenwerden, Streicheln, Singen, Plaudern, Teilhaben lassen an unserem Tun)
- Einen ihm angepassten Tages- und Nachtablauf
- Seiner Verdauungskraft angepasste Nahrung, am besten Muttermilch
- Sorgfältige Pflege
- Frische Luft
- Schutz vor Infektionen und Unfällen, doch ohne übertriebene Ängstlichkeit

Seine Bedürfnisse ernst nehmen

Erfährt das Kind immer wieder, dass es bekommt, was es braucht, so fühlt es sich wohl und geborgen. Es kann Vertrauen zu seiner Umwelt fassen und wird später – aus dieser Sicherheit heraus – auch warten können. Denn es hat gelernt, dass seine Bedürfnisse ernstgenommen werden.

Merkmale des Neugeborenen

Während einige der hier aufgezählten Merkmale für alle Neugeborenen charakteristisch sind, betreffen andere nur einige wenige Kinder. Sie werden also bei Ihrem Kind sicher nur einen Teil davon wiederfinden.

Geburtsgewicht

2'800–3'800 Gramm (durchschnittlich)
In den ersten Lebenstagen verliert das Neugeborene an Gewicht; nach einigen Tagen wird das Geburtsgewicht jedoch wieder erreicht.

Körperlänge

48–52 cm (durchschnittlich)

Kopf

Fontanellen

Der Kopf ist im Vergleich zum Körper relativ gross. Er weist eine kleine weiche Stelle am Hinterkopf und eine grössere am Vorderkopf auf (Fontanelle). Die kleine Fontanelle ist oft schon geschlossen, die grosse ist noch offen, ermöglicht so das Wachstum des Gehirns und schliesst sich mit ungefähr 12–18 Monaten.

Geburtsgeschwulst

Der Kopf, der sich dem Geburtskanal anpassen muss, ist unmittelbar nach der Geburt meist verformt. Manchmal bildet sich sogar eine Schwellung, die sich im Normalfall innert Stunden resp. Wochen zurückbildet.

Gesicht — Die Augenlider sind nach der Geburt oft verschwollen und können nur wenig geöffnet werden. Das Gesicht wirkt manchmal verzogen.

Milien — Manchmal sieht man auf der Nase gelblich-weisse Pünktchen (Hautgriess), die in den ersten Wochen von selbst verschwinden.

Körper

Arme/Beine — Sie wirken kurz und werden oft in Beugestellung gehalten.

Geschlechtsteile — Die Geschlechtsteile erscheinen beim Neugeborenen eher gross. Beim Buben kann das Glied schon in den ersten Tagen (und während der ganzen Kindheit) steif werden. Die Vorhaut ist normalerweise eng mit der Eichel verklebt und lässt sich nicht zurückschieben. Sie dehnt sich im 1. und 2. Lebensjahr allmählich von selbst und sollte nicht zurückgestreift werden: es können feine Risse in der Vorhaut entstehen. Beim Mädchen kann in den ersten Tagen durch die Scheide Schleim, eventuell auch etwas Blut austreten – eine harmlose Erscheinung, die von selbst verschwindet.

Milchbrüstchen — Ebenso können, bei Buben und Mädchen, durch das Einwirken von mütterlichen Hormonen die Brüstchen anschwellen und sogar ein wenig Milch abgeben. Um einer Infektion vorzubeugen, darf man nicht daran herumdrücken.

Nabel — Der Nabelschnurrest trocknet ein, wird zum Nabelschorf und fällt nach 5–7 Tagen ab.

Haut

Hautfarbe — Das Kind ist nach der Geburt meist stark rot bis bläulich, später rosig; Hände und Füsse sind oft bläulich.

Käseschmiere — Der Körper ist teilweise mit einer weisslichen, butterähnlichen Schicht, der Käseschmiere, überzogen. Diese Käseschmiere ist ein Schutz für die Haut; sie verschwindet nach einigen Tagen von selbst.

Gelbsucht — Am zweiten oder dritten Lebenstag kann es zu einer leichten Gelbfärbung der Haut, der sogenannten Neugeborenen-Gelbsucht, kommen (bedingt durch den Abbau von roten Blutkörperchen, welche nicht mehr benötigt werden). Sie klingt nach 8–10 Tagen wieder ab. Während dieser Zeit ist das Kind schläfrig und trinkt vorübergehend weniger gut. Kinder mit starker Gelbsucht werden ärztlich betreut.

Hautflecken — Manchmal findet man auf der Haut Flecken (Feuermal, Blutschwamm, «Mongolenfleck») von blass- bis starkroter oder bläulicher Farbe z. B. im Nacken, am Augenlid, an der Stirne, in der Kreuzgegend, die im Normalfall bis Ende des 1. Lebensjahres, spätestens bis zum Schulalter, verschwinden.

Hautschuppung — In den ersten Wochen kann sich die Haut sehr stark schuppen.

Allgemeine Merkmale

Temperatur

Die Temperatur des Neugeborenen beträgt ungefähr 37,5° C; Hände und Füsse fühlen sich jedoch eher kühl an.

Puls

Das Neugeborene hat einen schnellen Puls, welcher sich durch Anstrengung noch erhöht.

Atmung

Sie ist rascher als die des Erwachsenen und wirkt zuweilen unregelmässig. Manchmal ist ein pfeifendes Atemgeräusch hörbar (Hahnenkrähen), welches die Atmung des Kindes jedoch nicht behindert.

Niessen

Das Neugeborene niesst häufig, es reinigt sich so die Nase.

Schluckauf

Oft «leiden» Neugeborene an Schluckauf, der ihren ganzen Brustkorb zum Einziehen bringt. Er ist jedoch harmlos.

Verdauung

Der erste Stuhl des Kindes ist wegen seiner besonderen Zusammensetzung grünlich-schwarz und zähflüssig (Mekonium oder Kindspech). Nach 2–3 Tagen wird der Stuhl gelblich-grün, dick- bis dünnflüssig und täglich ein bis mehrmals entleert.

Um festzustellen, wie es Ihrem Kind unmittelbar nach der Geburt und in den ersten Lebenstagen geht, werden noch andere Zeichen kontrolliert (z. B. Reflexe). Falls Sie über diese Neugeborenen-Untersuchung oder den Zustand Ihres Kindes detailliertere Angaben wünschen, werden Sie die Hebamme oder der Arzt entsprechend informieren und auf Ihre Fragen eingehen.

Das Wochenbett

Dauer

Das Wochenbett dauert einige Wochen.

Hilfe annehmen

Ob Sie die ersten Tage im Spital oder zu Hause verbringen – es ist wichtig, dass Sie Hilfe annehmen und sich verwöhnen lassen.

Zeit, um sich kennenzulernen

Benutzen Sie vor allem die Zeit, um Ihr Kind kennenzulernen. Beziehungen wachsen durch das Zusammensein. Auch für den Vater ist es wichtig, dass er von Anfang an möglichst oft bei Ihnen und dem Kind ist, um sich mit ihm vertraut zu machen. Ideal ist es, wenn der Vater Ferien einplant nach dem Spitalaustritt.

Gefühlsschwankungen

Die ganze seelische und körperliche Umstellung kann zu verschiedenen Gefühlsschwankungen führen. Freude und Dankbarkeit, Angst und Traurigkeit können Sie aus dem inneren Gleichgewicht bringen.

Rückbildungsturnen

Der Tagesablauf im Spital ist recht intensiv. Das Rückbildungsturnen beginnt schon in den ersten Tagen nach der Geburt. Für Ihre Gebärmutter, für die Muskulatur, ja für Ihr ganzes Wohlbefinden, ist es wichtig, dass Sie sich pflegen und diese Rückbildungsgymnastik auch zu Hause weiterführen.

Spitalaustritt

Die Wochenbettzeit im Spital dauert 7 Tage. Wenn Sie sich wohl fühlen, gehen Sie früher nach Hause. Wenn Sie unter der Anleitung der Schwestern noch mehr Sicherheit im Umgang mit dem Kind gewinnen möchten oder wenn Sie es gesundheitlich bedürfen, bleiben Sie etwas länger. Besprechen Sie dies mit Ihrem Arzt.

Ärztliche Kontrollen

Vor dem Spitalaustritt werden Sie und Ihr Kind noch einmal ärztlich untersucht. Benutzen Sie diese Gelegenheit, um Fragen und Unsicherheiten zu diskutieren. Sie werden auch darauf aufmerksam gemacht, dass die Gebärmutter noch mehrere Tage bis Wochen abnehmend Sekret absondert. Die Abschlussuntersuchung findet etwa sechs Wochen nach der Spitalentlassung statt.

Familienplanung

Zu diesem Zeitpunkt ist es auch wichtig, dass Sie sich Gedanken machen über Ihre Familienplanung. Sprechen Sie mit Ihrem Partner darüber, lassen Sie sich gemeinsam von Ihrem Arzt beraten. Es gibt auch Beratungsstellen für Familienplanung.

Die Ernährung und Pflege des Kindes

«Denn wir müssen ihm in seiner Zeit begegnen.
Dazu müssen wir unsere Zeit verlassen.
Unsere Zeit. Das ist unsere individuelle Geschwindigkeit.
Unsere Gewohnheit. Unser persönlicher Geschmack.
Unsere Zeit und die Zeit des Neugeborenen sind fast unvereinbar.
Jene bewegt sich so langsam, dass sie fast stillsteht.
Die unsere bewegt sich von solcher Unruhe getrieben, dass sie davonzurasen scheint. Ausserdem sind wir niemals ganz «da». Wir sind immer anderswo.
In der Vergangenheit, bei unseren Erinnerungen.
In der Zukunft, bei unseren Plänen.
Wir sind hinterher oder voraus. Niemals aber *jetzt*.
Wirklich begegnen können wir dem Neugeborenen nur, wenn wir unsere Zeit verlassen.
Wie ist das möglich?
Es genügt, dass wir ganz «da» sind.
Ganz Gegenwart, so als gäbe es weder Vergangenheit noch Zukunft.»

Zitat aus: «Geburt ohne Gewalt» von Frédérick Leboyer, Kösel Verlag 1981, Seite 56/57.

Die Ernährung im ersten halben Jahr

Saugbedürfnis, Bedürfnis nach Nähe und Berührung

Die Nahrung stillt nicht nur den Hunger, sondern auch weitere Bedürfnisse des Kindes. Das Saugen – ob an der Mutterbrust oder an der Flasche – ist etwas Lustvolles. Dabei spürt das Kind die warme Haut und die Nähe der Eltern, hört, wie sie mit ihm sprechen, merkt, wie es angeschaut wird, und kann sie anschauen. Dieses innige Beisammensein stillt das Liebesbedürfnis Ihres Kindes.

Trinkphase

Das erste Halbjahr ist die eigentliche Trinkphase, während der am besten Muttermilch, eine adaptierte, teiladaptierte oder eventuell selbsthergestellte Milch die Hauptnahrung darstellen. Langsamer Nahrungsaufbau ab dem vierten Monat mit dem Löffel siehe Ernährungstabelle Seite 38 und 39.

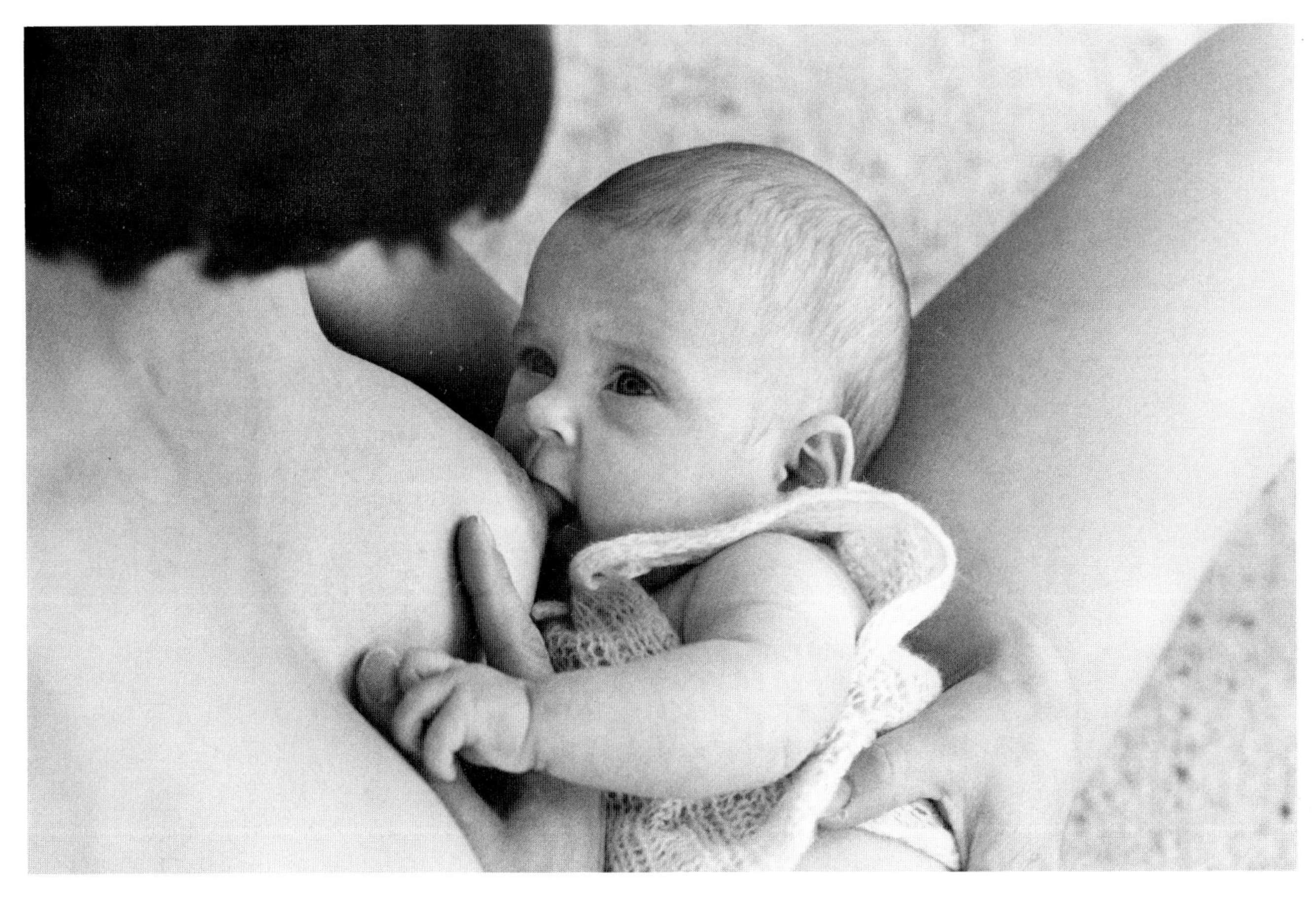

Die Ernährung mit Muttermilch

Stillen als Beziehung

Nach der Schwangerschaft und den Stunden während der Geburt ist das Stillen die Zeit der engsten Verbundenheit zwischen Mutter und Kind.

«Man könnte meinen, die Natur habe den Stillvorgang auf eine Weise eingerichtet, die engsten Körperkontakt gewährleistet. Durch das Saugen an der Mutterbrust werden die Grundbedürfnisse des Kindes nach Wärme, Hautkontakt und Nahrung gestillt. Es wird voll von köstlicher Nahrung – es spürt den wärmenden Körper der Mutter – ahnt ihr Gesicht – hört ihren Herzschlag und ihre Stimme – fühlt sich geborgen in den Armen – riecht den Duft der Haut – erlebt die befriedigende Wirkung des Lutschens. Stillen verschafft nicht nur dem Baby, sondern auch der Mutter lustvolle Empfindungen.»

Zitat aus: «Zärtliche Eltern» von Marcella Barth und Ursula Markus, Verlag pro juventute, Zürich 1984, Seite 76/77.

Vorteile der Muttermilch

Die Muttermilch ist zudem
- Der kindlichen Verdauung angepasst
- Vollkommen in der Zusammensetzung; sie enthält Abwehrstoffe, die das Kind vor Infektionen bewahren; dadurch wirkt die Muttermilch wie ein Heilmittel
- Immer trinkbereit und hat stets die richtige Temperatur
- Billig
- Sauber

Stillen
- Fördert auch die Rückbildung der Gebärmutter
- Muss geübt werden. Oft erst wenn die Anfangsschwierigkeiten (Seite 33) überwunden sind, können Mutter und Kind das Stillen geniessen

Weitere Überlegungen

- Die Mutter ist stärker an das Kind gebunden
- Durch die Nähe und das Saugen des Kindes an der Brust kann bei der Frau ein bestimmtes Bedürfnis nach sexueller Lust abgedeckt werden
- Während der Stillzeit können die Brüste schmerzhaft sein und dadurch das Sexualleben beeinträchtigen
- Der Vater hat bei der Ernährung in der Stillzeit eine benachteiligte Rolle

Wissenswertes über das Stillen

Kind gleich nach der Geburt stillen

Bieten Sie dem Kind gleich nach der Geburt die Brust an. Nichts fördert so sehr die Milchbildung wie das häufige Saugen des Kindes.

Vormilch

Die erste Milch, die Vormilch, ist genau auf die Bedürfnisse des Neugeborenen abgestimmt, auf dessen Verdauung und Nährwertbedarf; sie hilft, das Kindspech auszuscheiden und die Neugeborenen-Gelbsucht in Grenzen zu halten. Sie versorgt das Neugeborene mit wichtigen Abwehrstoffen, die es selbst noch nicht bilden kann.

Milcheinschuss

Wenn Ihre Brüste beim Milcheinschuss spannen und schmerzen, hilft das Saugen des Kindes am meisten. Es ist von Vorteil, wenn das Kind das Saugen und Schlucken an der weichen Brust, d. h. vor dem Milcheinschuss, üben kann.

Wie lange und wieviel soll das Kind trinken?

Lassen Sie Ihrem Kind und sich Zeit, bis das Stillen richtig klappt. Auch kleinste Trinkmengen genügen am Anfang. Legen Sie das Kind entsprechend öfter an (6–10mal), lassen Sie es die Brust suchen, pressen Sie es nicht an die Brustwarze! Die tägliche Trinkmenge von Kindern, die gestillt werden, beträgt in den ersten Monaten ungefähr 1/6 ihres Körpergewichtes. Die Menge muss jedoch nicht kontrolliert werden, wenn das Kind nach der Mahlzeit zufrieden ist, nasse Windeln hat und wöchentlich 100–300 g zunimmt. Anfänglich soll das Kind nicht zu lange (7–10 Minuten) an der Brust gelassen werden, da die Brustwarzen wund werden können. Allmählich sind sie jedoch widerstandsfähiger, und das Kind darf trinken, solange es will. Nach dem Stillen lässt man das Kind, wenn nötig, aufstossen.

Stuhlgang

Ein voll gestilltes Kind kann mehr als 5mal täglich stuhlen, es ist aber auch möglich, dass 4–8 Tage nichts Festes in die Windeln geht.

Stilltechnik

Die Mutter kann sich zum Stillen hinsetzen oder hinlegen; wichtig ist, dass es für sie und das Kind bequem ist und beide entspannt sind. Lernen Sie, in verschiedenen Stellungen zu stillen. Es ist wichtig, dass das Kind die Brustwarze und möglichst viel vom Warzenhof fasst, sich seine Zunge unter der Warze befindet und es kräftig saugt. Damit es gut atmen kann, hält man es parallel Bauch an Bauch und zieht es wenn nötig am Po etwas mehr an sich heran. Lösen Sie das Kind von der Brustwarze, indem Sie das Vakuum in seinem Mund durch Einführen eines Fingers aufheben.

Pflege der Brüste

Zwischendurch können die Brüste mit warmem oder kaltem Wasser (ohne Seife) gewaschen werden. Nach dem Stillen lässt man die Brustwarze trocknen, gibt dann ein wenig Brustsalbe darauf und deckt sie anfänglich mit einer Gaze ab.

Nachschöppeln

Vermeiden Sie, wenn es irgendwie möglich ist, das Nachschöppeln von Muttermilch-Ersatzpräparaten nach dem Stillen: Ihr Kind wird an der Brust weniger saugen, wenn es anderswo Nahrung erhält, und die Brust wird weniger Milch bilden.

Ernährung der stillenden Mutter

Als stillende Mutter spüren Sie bald selber, welche Nahrungsmittel, die Sie zu sich genommen haben, Ihrem Kinde verträglich sind. Vermeiden Sie anfangs blähende Speisen oder Nahrungsmittel, die Durchfall verursachen können. Eine ausgewogene Ernährung (Seite 38) wird Sie auch während der Stillzeit am besten unterstützen. Die Trinkmenge ist einerseits durch Ihren Durst und Ihre Ausscheidung gegeben (ca. 2–3 Liter pro Tag werden Sie benötigen). Grundsätzlich gilt, dass alles, was Sie zu sich nehmen, mit der Muttermilch an Ihr Kind weitergegeben wird.

Genussmittel einschränken

Wie auch in der Schwangerschaft ist es deshalb von Vorteil, gewisse Genussmittel einzuschränken oder darauf zu verzichten (Schwarztee, Kaffee, Rauchen, Alkohol); auch Medikamente dürfen nur nach ärztlicher Verordnung eingenommen werden.

Wenn die Zähne kommen

Wenn die Zähne kommen, so ist das kein Grund zum Abstillen. Das Kind wird zwar ein- bis zweimal in die Brust beissen, aber an Ihrer Reaktion merkt es, dass es Ihnen weh tut (Sagen Sie es ihm mit ruhiger Stimme, aber bestimmt!). Geben Sie ihm einen gekühlten Beissring, ein Stück Brot usw., um die Spannungen im Gaumen zu lindern.

Milch abpumpen

Wenn Sie nicht immer stillen können, z. B. weil Sie arbeiten oder ohne das Kind weggehen, besteht die Möglichkeit, die Milch abzupumpen. Die Milch kann 24 Stunden in den Kühlschrank gestellt oder tiefgefroren (3–4 Monate haltbar) werden. Falls Sie nicht geübt sind, die Milch von Hand abzupumpen, können Sie eine Milchpumpe in Apotheken / Drogerien und Krankenmobilienmagazinen mieten.

Empfängnisverhütung

Wenn Sie stillen, kommt Ihre Periode oft erst wieder beim Abstillen oder wenn das Kind feste Nahrung zu sich nimmt, also nicht mehr voll gestillt wird. Zu einem Eisprung und damit zur möglichen Befruchtung kann es schon vor der ersten Blutung kommen. Sie müssen also auch während der Stillzeit an die Empfängnisverhütung denken.

Schwierigkeiten beim Stillen

Angst vor zu wenig Milch

Überanstrengung, Aufregung, Sorgen und Kummer können Gründe dafür sein, dass die Milch vorübergehend zurückgeht. Gönnen Sie sich mehr Ruhe und legen Sie sich vor dem Stillen 5–10 Min. hin und trinken Sie genügend. Überdies kommt es oft vor, dass nach sechs Wochen und nach drei Monaten das Kind einen Wachstumsschub durchmacht und deshalb mehr Milch benötigt. Haben Sie keine Angst, es ist noch nicht Zeit, nachzuschöppeln. Setzen Sie Ihr Kind häufiger an, vielleicht alle 2 Stunden oder noch häufiger, aber nur kurz – die Milch wird wieder kommen.

Schmerzende Brustwarzen

Setzen Sie Ihr Kind vorübergehend nur kurz an (7–10 Minuten pro Seite). Häufiges, entspanntes Stillen (etwa alle 2–4 Stunden) ist günstig, da die Brüste dann nicht übervoll werden und das Kind weniger heisshungrig trinkt. Achten Sie darauf, dass Ihr Kind regelmässig schluckt. Verwenden Sie nur wenig Salbe, um die Warzen nicht aufzuweichen, und lassen Sie die Warzen an der Luft oder, wenn es geht, an der Sonne trocknen. Legen Sie Kamillenwickel oder feuchte Schwarzteebeutel auf die Brustwarze. Saughütchen können vorübergehend eine Erleichterung bringen. Wenn die Warzen bluten, so legen Sie vor dem Stillen einen in Gaze verpackten Eiswürfel auf. Dieser stillt den Schmerz und zieht die Blutgefässe zusammen. Erschrecken Sie nicht, wenn Ihr Kind spuckt und Sie evtl. Blutfäserchen entdecken. Oft bringt eine veränderte Stillstellung Linderung bei schmerzenden Brustwarzen.

Milchstauung (harte, schmerzende) Stellen)

Die Brust muss sofort entleert werden. Setzen Sie Ihr Kind an, und lassen Sie es die Brust leertrinken. Meinen Sie nicht, die Brust schonen zu müssen, indem Sie nicht stillen. Stillen Sie im Gegenteil beidseitig und regelmässig weiter! Wenn nötig legen Sie sich ins Bett und nehmen das Kind zu sich. Lassen Sie sich warme Wickel auflegen. Nehmen Sie vielleicht eine Bettflasche oder ein Heizkissen an die Brust. Massieren Sie die harte Stelle sanft.

Brustdrüsenentzündung (hartgeschwollene, rote, erwärmte, schmerzende Stelle)

Sollten diese Massnahmen keine Besserung bringen, die verhärteten Stellen zusätzlich rötlich (rot) und warm werden und die Schmerzempfindlichkeit zunehmen, legen Sie kalte Wickel auf (z. B. mit Wasser, Quark). Die Wickel müssen gewechselt werden, wenn sie sich nicht mehr kalt anfühlen. Bettruhe ist nötig! Falls sie nicht bald Erleichterung verspüren, rufen Sie rechtzeitig den Arzt / die Mütterberatungsschwester an.

Wenn Sie Schwierigkeiten haben beim Stillen, dann rufen Sie doch Ihre Mütterberatungsschwester oder eine Stillberaterin der LLL (Adressenverzeichnis Seite 102) an.

Wie lange stillen?

Stillt eine Frau gerne, kann sie stillen, solange es ihr, ihrem Kind und dem Partner Freude macht. Spätestens mit 6 Monaten braucht Ihr Kind feste Nahrung, wenn bis zu diesem Zeitpunkt genügend Milch vorhanden ist und das Kind zunimmt.

Geben Sie anfänglich zuerst die Brust und dann noch etwas Beinahrung.

Abstillen

- Ersetzen Sie vorerst nur eine Brustmahlzeit: Die Muttermilch muss sich langsam zurückbilden, damit keine Milchstauungen in der Brust entstehen
- Nach ca. einer Woche und wenn das Kind die Beinahrung verträgt, wird eine weitere Brustmahlzeit ersetzt
- Als letzte wird meist die morgendliche Brustmahlzeit abgebaut
- Muss aus zwingenden Gründen innert kurzer Zeit abgestillt werden, ist der Arzt beizuziehen.

Mit dem Stillen aufzuhören ist für die Mutter oft wie ein Abschiednehmen von einem besonders nahen Beisammensein. Diese Loslösung kann einerseits eine grosse Erleichterung bringen, andererseits ist sie oft auch ein wenig mit Wehmut verbunden. Zwiespältige Gefühle können Mutter und Kind verunsichern. Sicher verläuft der Abstillprozess harmonischer, wenn Sie dem Kind Ihre Gefühle mitteilen, sich ein Ziel setzen und dann klar zu Ihrem Entscheid stehen. Manchmal zeigt auch das Kind, dass es an der Brust nicht mehr interessiert ist. Suchen Sie nach neuen gemeinsamen Spielen, bei denen Sie Ihrem Kind nahe sind, es hautnah spüren und die vertraute Innigkeit weiter geniessen können.

Die Ernährung mit der Flasche

Kuhmilch und Frauenmilch

Steht für die Ernährung eines Kindes keine Muttermilch zur Verfügung, so wird als Ersatz Kuhmilch genommen. Ihre Zusammensetzung muss der Muttermilch angepasst und entsprechend verändert werden.

Kuhmilch enthält:
87,8% Wasser, 0,2% Mineralsalze, 1% Eiweiss, 4% Fett, 7% Zucker

Muttermilch enthält:
87,3% Wasser, 0,7% Mineralsalze, 4% Eiweiss, 4% Fett, 4% Zucker

Pulvermilch

Die Nahrungsmittelindustrie stellt noch andere angepasste Arten von Pulvermilch her, die bereits vom Neugeborenenalter an gegeben werden können (adaptierte oder teiladaptierte Milch). Sie sind so präpariert, dass sie nur noch mit abgekochtem, trinkwarmem Wasser aufgelöst werden müssen. Nach der Rückkehr vom Spital halten sich die Eltern am besten an die dort erhaltenen Angaben. Später besprechen sie die Wahl des Präparates mit der Mütterberatungsschwester.

Frischmilch

Anstelle der adaptierten oder teiladaptierten Milch kann ab 4. oder 5. Monat Frischmilch mit Zusatz von Wasser, Getreideschleim und Zucker verwendet werden. Genaue Angaben über die Zusammensetzung des Schoppens geben der Arzt oder die Mütterberatungsschwester. Immer ist unter Frischmilch Vollmilch zu verstehen. Pastmilch ist der uperisierten Milch vorzuziehen.

Schöppeln

Auch ein mit der Flasche «gestilltes» Kind wird Ihre Körperwärme und Nähe spüren und geniessen, wenn Sie es für die Mahlzeiten an sich nehmen, sich dabei Zeit lassen und ihm Zuwendung geben.

Sauger und Schoppenflaschen

Sie finden verschiedene Sauger und Flaschen auf dem Markt. Wichtig ist, dass der Sauger gut auf die Flasche geschraubt werden kann. Damit kein Vakuum entsteht, darf der Verschluss nicht zu stark angezogen werden. Die Grösse des Loches im Sauger ist massgebend für ein ruhiges, lustvolles Trinken. Das Trinkvergnügen darf 10–30 Minuten dauern. Nebst dem Hungergefühl (es wird in den ersten 5–10 Minuten gedeckt) soll auch das Saugbedürfnis gestillt werden. Die Sauger haben die richtige Lochgrösse, wenn die Schoppenflüssigkeit bei umgekehrter Flasche Tropfen für Tropfen heraustropft (nicht fliesst). Auch Sauger mit abgestuften Schlitzen statt Löchern sollen diesen Kriterien entsprechen.

Flasche aus Glas oder Kunststoff

Ob Sie eine Flasche aus Glas oder aus Kunststoff wählen, hängt von Ihrer Vorliebe ab. Grössere Kinder halten manchmal die Flasche gern selbst. Damit sie nicht zerbricht und leichter ist an Gewicht, ist in diesem Alter die unzerbrechliche Flasche vorzuziehen.

Reinigung

Spülen Sie die Milchreste mit kaltem Wasser aus der Flasche. Mit einem Flaschenreiniger und heissem Wasser wird nun die Flasche saubergemacht. Abwaschmittel sollten Sie sparsam oder gar nicht benützen. Bewahren Sie die Flaschen trocken auf. Den Sauger reinigen Sie, indem Sie ihn unter fliessendem Wasser gut kneten und so von allen Milchresten befreien. Ebenfalls trocken aufbewahren. Vor dem ersten Gebrauch müssen Flasche und Sauger 3 Minuten in heissem Wasser ausgekocht werden, später nach Bedarf. Eine Flaschensterilisa-

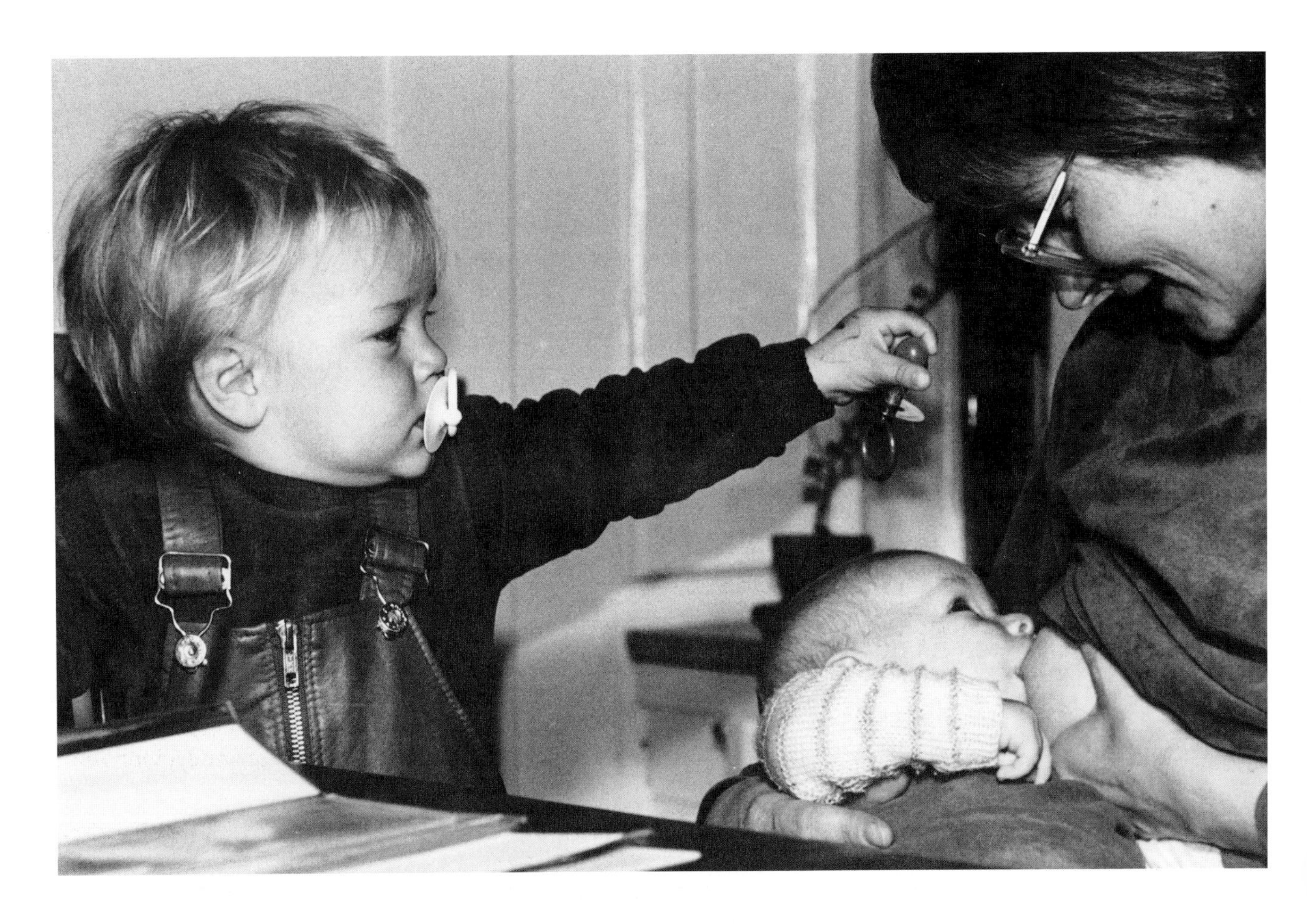

tion mit chemischen Mitteln ist nicht nötig. Gesunde Kinder bauen Abwehrkräfte auf, wenn sie die Möglichkeiten haben, sich mit einer sauberen, aber nicht sterilen Hygiene auseinanderzusetzen.

Übergang von flüssiger zu fester Nahrung

Individuelle Vorlieben des Kindes

Die Ernährung kann nicht nach einem festen Schema erfolgen, denn Kinder und ihre Bedürfnisse sind sehr verschieden. Während das eine Kind glücklich und zufrieden ist, noch von der Brust oder aus der Flasche zu trinken, macht es einem gleichaltrigen bereits Spass, mit dem Löffel zu essen. Der nachfolgende Ernährungsplan stellt daher lediglich ein Beispiel dar. Eine ganz auf das einzelne Kind abgestimmte Ernährungsberatung werden die Mütterberatungsschwester oder der Arzt gerne machen.

Einführung neuer Nahrungsmittel

Folgende Regeln sind bei der Einführung von Nahrungsmitteln zu beachten, damit das Kind keine Ernährungsstörungen erleidet:

Regeln

- Neue Nahrungsmittel sollen als Schoppen- oder Löffelmahlzeiten einzeln und in kleinen Mengen eingeführt werden. Zeigt das Kind keine negative Reaktion (Erbrechen, Durchfall), kann die Menge allmählich gesteigert werden.
- Bei sehr warmem Wetter oder wenn das Kind krank ist, muss mit der Einführung eines neuen Nahrungsmittels gewartet werden.
- Erhält das Kind Breimahlzeiten, kann ihm danach etwas zu trinken angeboten werden (Muttermilch, Wasser, Tee, verdünnte Fruchtsäfte).
- Die Gemüsemahlzeit muss anfänglich mit der Gabel fein zerdrückt oder passiert werden. Später gibt man sie dem Kind etwas gröber und schneidet sie schliesslich für das 12 Monate alte Kind in kleine Stücke, die es selber mit den Händen isst.
- Geben Sie Ihrem Kind auch rohes Gemüse (Saft oder geraffelt).
- Jedes Kind hat seinen eigenen Geschmackssinn. Was ihm nicht schmeckt, soll ihm nicht aufgedrängt werden.

Die Ernährung im zweiten halben Jahr

Einführung fester Mahlzeiten

Mit dem Durchbruch der ersten Zähne will das Kind allmählich mit festen Speisen umgehen lernen. Da es bereits einen festeren Zeitplan für seine Nahrungsaufnahme hat und vielleicht bereits frei sitzt, freut es sich darüber, wenn es bei Familienmahlzeiten dabeisein und vom Familientisch eine Brotrinde, einen Apfel und Joghurt «mitessen» kann.

Liebend gern wird Ihr Kind jetzt auch mit den Nahrungsmitteln spielen. Ermöglichen Sie ihm diese besondere Erfahrung. Ihr Kind wird mit Ihrer Begleitung allmählich ganz von selbst merken, dass Sie mit Nahrungsmitteln sorgfältig umgehen und dies lernen.

Ermöglichen Sie Ihrem Kind auch, solange es dies braucht, regelmässig seine Milch zu saugen, und geniessen Sie mit ihm diese Zeit der Entspannung.

Übergang zum Familientisch

Je nach Ihren Koch- und Essgewohnheiten wird es früher oder später (ab 1 Jahr) die normalen Familienmahlzeiten essen können. Schätzen Sie selber ab, wann dies für Ihr Kind richtig ist.

Gewichtskontrolle

Ob Sie Ihr Kind in den ersten 3 Monaten in der Mütterberatung ein- bis zweimal monatlich wägen oder eine Waage mieten (Apotheke/Drogerie), hängt von Ihren Möglichkeiten ab.

Empfehlung für die Ernährung des Säuglings und Kleinkindes

Gestillte Kinder

Frühestens nach vier Monaten, spätestens nach sechs Monaten soll das Stillen durch Beikost ergänzt werden.

Ergänzungen

Die Trinkmenge beträgt in den ersten vier Monaten ungefähr 1/6 des Körpergewichtes des Kindes, max. 1 Liter pro Tag. Wichtig ist, dass das Kind nasse Windeln hat und zunimmt. Die Milchmenge (Muttermilch oder Muttermilchersatzmilch) soll am Ende des ersten Lebenshalbjahres noch zirka 0,5 l pro Tag betragen und während des ganzen zweiten Lebenshalbjahres beibehalten werden.

Das Flüssigkeitsbedürfnis des Säuglings ist mit dem Schoppen gedeckt, und zusätzliche Verabreichung von Tee oder anderen Getränken zwischen den Mahlzeiten ist nicht notwendig.

> *Die Nahrungsaufnahme ist ein wichtiges und schönes Ritual, dem genügend Zeit und Ruhe gelassen werden soll. Gemeinsames Essen gibt dem Kind das Gefühl von Dazugehörigkeit, fördert den Appetit und macht Freude. Die Lust des Kindes am selbständigen Essen kann dabei unterstützt werden.*

Diese Ernährungstabelle wurde nach den Richtlinien der Schweizerischen Gesellschaft für Pädiatrie / Ernährungskommission (vom 10.5.89) zusammengestellt.

	1. Monat	2. Monat
1. Mahlzeit	Muttermilch oder adaptierte Milch im Sch	
2. Mahlzeit	Muttermilch oder entsprechende Milchar	
3. Mahlzeit	Muttermilch oder entsprechende Milcha	
4. Mahlzeit	Muttermilch oder entsprechende Milcha	
5. Mahlzeit	Muttermilch oder entsprechende Milcha	
6. eventuell 7. Mahlzeit	Muttermilch oder entsprechende Milcha	

= je nach B

Monat	4. Monat	5. Monat	6. Monat	7. Monat	8. Monat	9.-12 Monat	1½ Jahre	2 Jahre
	oder teiladaptierte Milch im Schoppen							
	evtl. selbsthergestellte Milchzubereitung im Schoppen							
					oder vollfette Milch unverdünnt im Schoppen			
				Brotrinde		Brot Essen von der Familienmahlzeit		
Mahlzeit								
	Gemüsesaft	Gemüsebrei evtl. mit Fleisch oder Eigelb				evtl. Essen von der Familienmahlzeit		
Mahlzeit								
	Saft Fruchtbrei		Fruchtbrei mit Joghurt	Fruchtbrei mit Quark	Fruchtbrei mit Getreideflocken oder Zwieback			
Mahlzeit								
				Getreidebrei			Essen von der Familienmahlzeit	
Mahlzeit								
Mahlzeit								

les Kindes

Wägen Sie Ihr Kind nicht zu häufig, in den ersten drei Monaten alle 1–2 Wochen. Folgende Anhaltspunkte helfen Ihnen, sein Befinden zu beurteilen:

- Bei jedem Wickeln sind die Windeln gut nass
- Brust- oder Schoppennahrung trinkt es gut
- Zwischen den einzelnen Mahlzeiten ist das Kind 2–4 Stunden oder länger zufrieden

Nach dem ersten Vierteljahr genügt es normalerweise, wenn Sie das Kind einmal monatlich wägen.

Normale Gewichtszunahme

Anhaltspunkte für eine normale Gewichtszunahme sind:

- In den ersten 2–3 Monaten: 100–300 g wöchentlich
- Mit 4–6 Monaten verdoppelt das Kind meist sein Geburtsgewicht
- Nach einem Jahr wiegt es im Durchschnitt etwa 10 kg +/–1,5 kg

Wickeln

Mit dem «Rooming in» im Spital können Sie heute schon bald nach der Geburt Ihr Kind selber wickeln und dies auch üben.

Zeitpunkt

Das Kind wird pro Tag etwa fünf mal (oder zusätzlich nach Bedarf) gewickelt. Kinder, die sehr hungrig sind oder oft während der Mahlzeit Stuhl entleeren, werden nach dem Trinken gewickelt. Kinder, die beim Saugen einschlafen oder oft Speien, werden vor dem Trinken gewickelt. Empfindlichen Kindern wird das Gesäss bei jedem Wickeln mit lauwarmem Wasser gewaschen, gut getrocknet und mit etwas Puder oder Hautschutzsalbe leicht eingerieben.

Vorbereitungen

Bereiten Sie die Sachen vor, die Sie beim Wickeln benötigen, damit das Kind nicht allein auf dem Wickelplatz bleiben muss (Unfallgefahr).

Breitwickeln

Die heute besterprobte Methode ist das Wickeln mit einer Breitwickelpackung. Diese gewährt dem Säugling Bewegungsfreiheit, verhilft den Beinchen zu einer natürlichen Spreizung und wirkt sich dadurch günstig auf die Entwicklung des Hüftgelenks aus. Mit dieser Wickelmethode kann einer Hüftgelenksluxation (Ausrenken des Oberschenkels im Hüftgelenk) entgegengewirkt werden.

Wickeln, eine Begegnung

Das Wickeln und Gewickeltwerden sind einige der immer wiederkehrenden Begegnungen zwischen Ihnen und dem Kind. Packen Sie das Kind nicht gleich in frische Windeln, wenn Sie es ausgepackt haben, sondern lassen Sie es nach dem Säubern so oft wie möglich an der Luft strampeln, liebkosen Sie seinen Körper und treiben Sie allerlei Spiele mit ihm, z. B. Neckspiele, Fingerverse, Versteckspiele. Nehmen Sie sich dafür die nötige Zeit.

Wickeln mit Stoffwindeln

Wenn Sie sich für Stoffwindeln entscheiden, brauchen Sie:

- Flanell- oder Crêpewindeln
- Gazewindeln (oder Wegwerfpapierwindeln)
- Plastikhöschen (mit oder ohne Futter), Plastikfolie oder Rohwollhöschen

Das Höschen soll das Windelpaket zusammenhalten, die Kleidung des Kindes vor Nässe schützen und das Kind warmhalten. Am besten wird, auch von empfindlicher Haut, das atmungsaktive Rohwollhöschen vertragen.

Dafür und dagegen

Diese Wickelart ist umständlicher, zeitaufwendiger und verbraucht auch Waschmittel, ist aber auf längere Sicht billiger, weil die Windeln für mehrere Kinder gebraucht werden können, und weniger umweltbelastend.

Stoffwindeln sollten stets sofort in sauberem Wasser eingeweicht werden (Windeleimer mit Deckel) und mit einem Waschmittel auf Seifenbasis gewaschen werden. Nie weichspülen, weil Weichspüler (auch in anderen Kleidungsstücken) die Babyhaut reizen und angreifen (Wundsein, Ausschläge).

Wickelmethoden

Drachenform

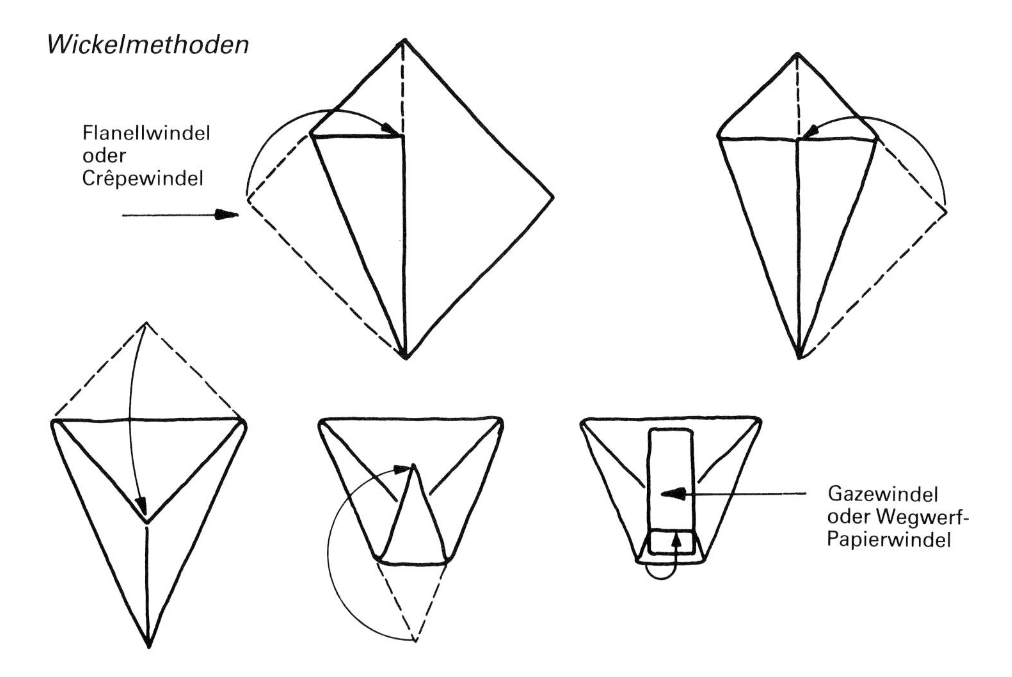

Dreiecksform

Diese Form eignet sich für die ersten Wochen.

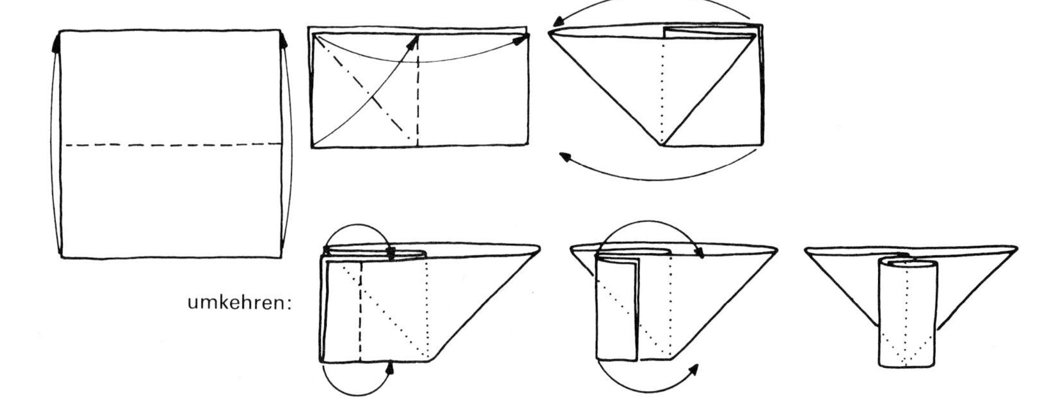

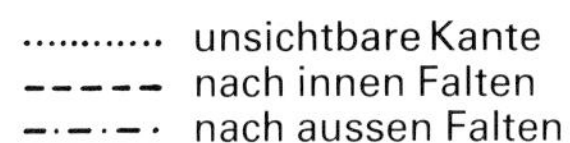

Wickeln mit Wegwerf-Windelhöschen

Dafür und dagegen

Die Wegwerf-Windelhöschen sind bequem und einfach zu bedienen. Sie eignen sich sehr gut für unterwegs oder wenn die Waschmaschine nicht mindestens einmal pro Woche zur Verfügung steht. Sie sparen zudem Zeit. Ihr ausschliesslicher Gebrauch wird mit der Zeit recht teuer und lässt den Abfallberg wachsen.

Genügt die Saugfähigkeit der eingearbeiteten Windel nicht, kann eine zusätzliche Stoff- oder Wegwerfwindel eingepackt werden. Es gibt Kinder, deren Haut Wegwerfwindeln nicht verträgt.

Gebrauchte Wegwerfwindelhöschen gehören nie ins WC, sondern in den Kehrichtsack!

Baden und Körperpflege

Baden

Es geht beim Baden Ihres Kindes viel mehr um das wohlige Gefühl des Schwebens ohne Windelpaket im warmen Wasser und um den Haut-, Stimm- und Blickkontakt mit Ihnen als um das Sauberwerden. Sie können einmal auf das tägliche Bad verzichten, wenn Sie sich gestresst fühlen und unter Zeitdruck stehen – geniessen Sie es dafür am folgenden Tag doppelt! Baden Sie das Kind nicht wenn es hungrig ist.

Vorbereitungen

Wie beim Wickeln ist es beim Baden wichtig, die Vorbereitungen vorher in aller Ruhe zu treffen, damit alles Nötige zur Hand ist. Die Temperatur der Luft soll 20–22° C und des Wassers 37° C sein. Wassertemperatur messen und mit dem Ellenbogen prüfen. Badezusätze und Seife sind in den ersten Monaten unnötig. Bei trockener Haut können Sie z.B. ein Kaffeelöffel Oliven- oder Mandelöl oder eine Tasse Milch als Badezusatz verwenden. Bereiten Sie auch schon die Kleider sowie die Windelpackung vor, legen Sie das Badetuch und ein Waschtüchlein bereit. Bevor Sie das Kind baden, prüfen Sie nochmals die Wassertemperatur.

Gesichtspflege

Die Augen werden vor Beginn des Bades mit einem sauberen, nassen Lappen von aussen nach innen (gegen die Nase) gereinigt. Ohren und Nase putzen sich in der Regel selber: die Nase durch Niesen, das Ohrenschmalz schafft sich von selber nach aussen und kann dort mit etwas selbstgedrehter Watte entfernt werden. Verwenden Sie keine Wattestäbchen – sie können das Trommelfell verletzen und stopfen das Ohrenschmalz in den Gehörgang (Pfropfbildung). Ebenso kann die Nasenschleimhaut unter der Reinigung leiden. Im Winter soll das Gesicht mit einer Hautsalbe geschützt werden.

Haarwäsche

Für die Haarwäsche genügt Wasser. Hat das Kind sehr viele Haare, können Sie diese von Zeit zu Zeit mit einem milden Shampoo waschen.

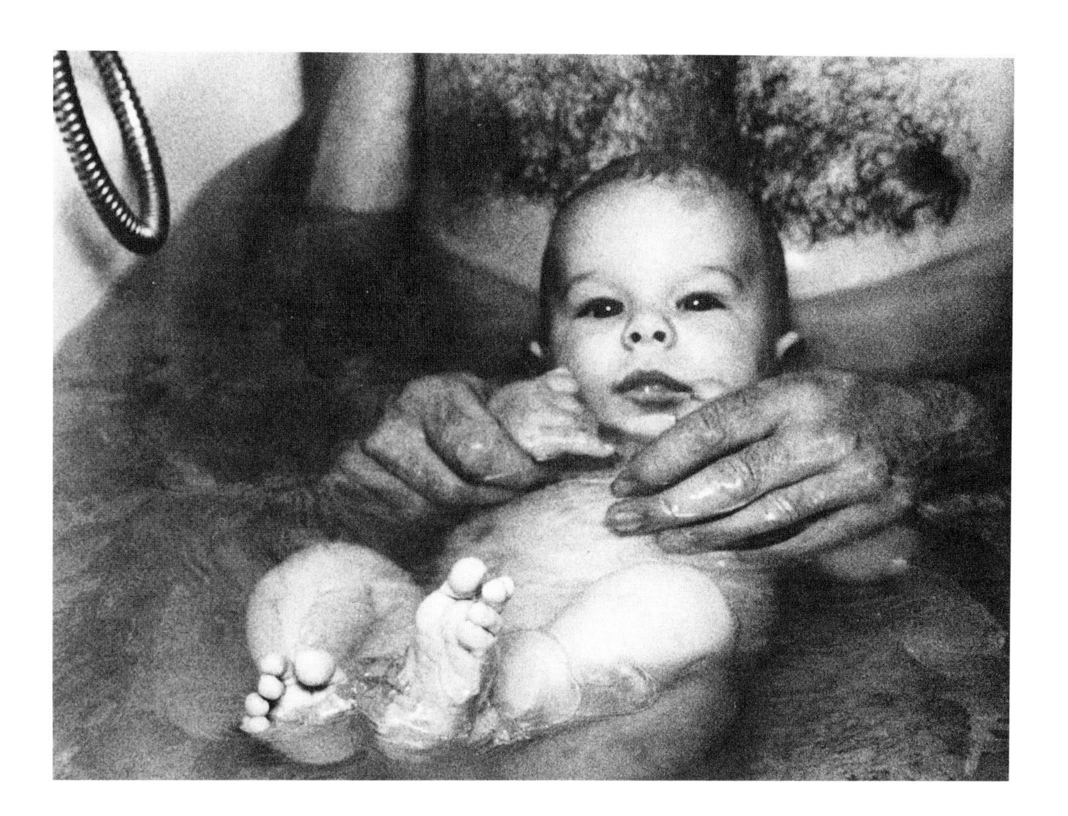

Hautfalten

Vergessen Sie nicht, die Hautfalten hinter den Ohren, unter den Armen, am Hals und in den Leisten zu waschen und auch wieder gut zu trocknen.

Gesäss und Geschlechtsteile

Das Gesäss wurde vor dem Bad bereits gereinigt. Die Genitalien des kleinen Mädchens werden mit etwas nasser Watte oder Oel von vorne nach hinten gewaschen; die Watte sollten Sie nur einmal verwenden, damit kein Stuhl in die Scheide gelangt.

Beim Knaben sollte die Vorhaut des Gliedes nicht zurückgeschoben werden (auch wenn sie sich leicht zurückstreifen lässt), der Hodensack wird von Stuhl und Cremeresten befreit. Das Gesäss gelegentlich mit einer Schutzcreme eincremen.

Finger- und Zehennägel

Diese werden im ersten Lebensmonat täglich mit Creme eingefettet. Sobald sie nicht von selbst abbrechen, werden die Nägel von Zeit zu Zeit gerade abgeschnitten. Falls sich das Kind dagegen sträubt, schneiden Sie die Nägel am besten, wenn es schläft oder nach einer Mahlzeit, wenn das Kind ruhig ist.

Nabelpflege

Richten Sie sich nach den Anweisungen Ihres Spitals oder der Mütterberatungsschwester.

Baden zum Vergnügen

Ihr Kind hat die wohlige Wärme des Wasser genossen, es ist nun wieder sorgfältig abgetrocknet worden (besonders Hautfalten), aber noch nackt und vielleicht aufgelegt zu allerlei Spässen und Spielereien mit Ihnen. Sprechen Sie mit ihm, erzählen Sie oder singen Sie ihm etwas vor, während Sie seinen Körper liebkosen oder mit etwas Oel massieren: Die Arme und Hände, die Beine und Füsse, den Bauch, den Rücken, das Gesäss, das Gesicht (Anleitungen zur Babymassage finden Sie in Kursen oder im Buch von Leboyer «Sanfte Hände» – Literaturverzeichnis Seite 105). Und zum Abschluss noch ein Neckspiel: «Es kommt ein Bär . . .», das mit lautem Jauchzen abgeschlossen wird.

Babymassage

Sie können natürlich diese Reihenfolge umkehren – Ihr Kind zuerst massieren und dann baden. Sie können auch mit ihm zusammen in der grossen Badewanne baden, wenn Sie daran Spass haben. Immer mehr Eltern entdecken ihre Freude am gemeinsamen Bad mit ihrem Kind.

Zeitpunkt

Beobachten Sie, ob Ihr Kind nach dem Bad sehr müde wird oder im Gegenteil ganz frisch und munter. Wird es müde, so darf das Bad relativ spät stattfinden, und das Kind wird anschliessend schlafengelegt. Wird es munter, dann baden Sie das Kind früher, damit Sie Zeit zum Spielen mit ihm haben.

Schlafen und Wachen

Dauer

Neugeborene schlafen viel, doch auch hier gibt es grosse individuelle Unterschiede. Der Durchschnitt liegt bei 12 bis 16 Stunden.

Tag-Nacht-Rhythmus

Normalerweise vermag ein Neugeborenes nicht die ganze Nacht durchzuschlafen. Das ist für Sie zu Beginn eher belastend. Es kann Ihnen helfen, daran zu denken, dass das Kind im Mutterleib über die Nabelschnur rund um die Uhr ernährt wurde und dass es den Tag- und Nachtwechsel nicht direkt miterleben konnte. Deshalb wird es in den ersten Wochen auch nachts hungrig. Das Schlaf-Wach-Verhalten ist ein Reifungsvorgang, der sich allmählich entwickelt. Versuchen Sie, den eigenen Rhythmus des Kindes zu erspüren, Hunger, Schlafen, Wachen, Getragen werden.

Nachtbetreuung des Neugeborenen

Bis Ihr Kind eine längere Nachtpause von etwa 8 Stunden einhalten wird, benötigt es Wochen, oft sogar Monate. Versuchen Sie, diese Tatsache zu akzeptieren; teilen Sie die Nachtbetreuung mit Ihrem Partner/Ihrer Partnerin, einer anderen im Haushalt lebenden Person, zu der Ihr Kind eine vertrauensvolle Beziehung hat, damit alle zu genügend Schlaf kommen. Vielleicht schläft es ruhiger im elterlichen Bett. Probieren Sie es aus.

Nähe tagsüber

Tagsüber und vor allem in Wachzeiten ist das Kind gerne in der Nähe seiner Bezugspersonen. Ob Sie es bei Ihren Tätigkeiten tragen (Tragtuch, Tragsack) oder es in einem Kinderwagen für die Verrichtung der Arbeiten bei sich haben, das hängt von Ihren Möglichkeiten ab.

Schreien

Warum schreit das Kind?

Fühlt sich Ihr Kind unwohl oder unzufrieden, so zeigt es dies durch Schreien an. Das Kind weint, wenn seine Bedürfnisse nicht befriedigt oder missverstanden werden. Es schreit, weil es Hunger, eine unbequeme Körperlage, zu heiss oder zu kalt hat; weil es sich einsam fühlt und Nähe braucht; seltener wegen beschmutzten Windeln; und natürlich auch, wenn es krank ist, sich verletzt hat, erschrocken oder ganz einfach müde ist (und den Schlaf nicht gleich findet).

Manchmal benötigen Eltern und Kind längere Zeit, bis sie einander richtig kennen und verstehen. Für das Kind ist Schreien die einzige Möglichkeit, sein Unbehagen auszudrücken.

Was beruhigt das Kind?

Je nach der Ursache für sein Schreien, sollten Sie das Kind stillen, seine Körperlage ändern, es ab- oder anziehen, es zu sich nehmen. Wählen Sie etwas, das Sie schon vorher täglich angewandt haben, etwas Vertrautes, z. B. Singen, zu sich ins Bett nehmen, Tragen und Wiegen, eine Babymassage. Rhythmische Wipp- und Schaukelbewegungen (im Kinderwagen, im Schaukel- oder Wippstuhl, in einer Hängematte) wirken ebenfalls beruhigend.

Das Kind lässt sich nicht immer beruhigen. Es ist schwer, sein Weinen zu ertragen, die eigene Unruhe wächst und überträgt sich aufs Kind. Manchmal ist es nötig, das Kind einer anderen Bezugsperson anzuvertrauen, um vielleicht durch einen Spaziergang wieder mehr Gelassenheit und Distanz zur Situation zu gewinnen.

Luft und Sonne

Sonnenbad

Vermeiden Sie am Anfang direkte Sonnenbestrahlung. Schützen Sie den Kopf durch ein Sonnenhütchen oder einen Sonnenschirm. Es genügt, wenn Sie Ihr

Bild oben rechts:

Kind sitzt auf des Hüfte der Erwachsenen – geeignet für grössere Kinder.

Bild unten rechts:

Diese Tragart (Kind liegt bäuchlings auf dem Unterarm des Erwachsenen) kann manchmal Säuglinge beruhigen, die «Dreimonatskoliken» haben, d. h. nach den Mahlzeiten oder gegen Abend viel schreien.

«Junge Säuglinge, die viel von den Eltern (oder sonst nahestehenden Personen) herumgetragen werden, schreien nur selten. Manche Kinder wollen nicht im Kinderwagen, nicht im Bett liegen. Sie wollen ihren eigenen Körper spüren, um das Gefühl zu haben, nicht alleine zu sein, das gelingt ihnen nur am Körper des Erwachsenen vollkommen.»

Zitat aus: «Die erste Kindheit» von Hans Czermak, Molden Schulbuch, Wien 1982, Seite 45.

Kind in den Halbschatten legen. Verwenden Sie Sonnenschutzmittel im Sommer auch im Halbschatten in den Bergen oder am Meer.

Dauer

Nehmen Sie das Kind vorerst kurze, dann immer längere Zeiten an die frische Luft, z.B. auf den Balkon mit. Im Sommer schützt es ein entsprechender Schleier vor Insekten.

Die Entwicklung und Erziehung des Kindes

«Das Kind ist auf deine Nähe angewiesen. Dich zu fühlen. Deine Stimme. Deinen Herzschlag. Dein Atmen zu hören. Denn diese Geräusche sind ihm vertraut von der Zeit in der Gebärmutter. Das Kind braucht seine Versorgung von Vater und Mutter. Aber es ist nicht nur einseitiges Geben. Jedesmal, wenn du mit dem Kind umgehst, lernst du auch etwas von ihm. Dein Kind lässt dich fühlen, was es braucht. Es bringt dir bei, es zu lieben. Und lieben zu lernen ist ein langsamer Prozess. Sich vertraut machen mit einem anderen Menschen geht schrittweise. Und nur durch den Umgang mit ihm gewöhnen wir uns aneinander. Einander nahesein. Einander anschauen. Einander begreifen».

Zitat aus: «Zeit für uns» von Gerlinde M. Wildberg, Fischer Verlag 1984, Seite 195.

Wie entwickelt das Kind «Vertrauen»?

Dazugehören

Vertrauen, das ist nichts anderes als das sichere Gefühl, sich auf die Umwelt verlassen zu können, nicht im Stich gelassen zu werden, in jeder Hinsicht von seinen nahen Mitmenschen «getragen» zu werden. Es ist das Gefühl also, Halt zu finden in einer menschlichen Umarmung, dazuzugehören, akzeptiert zu sein.

Die kindlichen Bedürfnisse befriedigen

Das Vertrauen entwickelt sich, während Sie das Kind umsorgen und seine Bedürfnisse zuverlässig befriedigen – in erster Linie sein Bedürfnis nach körperlicher Nähe, nach Zwiesprache, Getragenwerden, Liebkosung, nach Stillen seines Hungers, nach Teilhabenlassen. Bereits in den vorhergehenden Themen wie Stillen, Baden, Wickeln wurde dies angesprochen.

Bezugsperson eines Kindes zu sein ist anstrengend

Damit ist nicht gemeint, dass eine Person diese ungeteilte Aufmerksamkeit rund um die Uhr aufbringen kann. Es ist anstrengend, Bezugsperson eines Kindes zu sein. Niemand kann Vertrauen vermitteln, der selbst gereizt, gespannt, nervös und unausgefüllt ist (siehe Kapitel: «Kind und Partnerschaft», «Überforderungssituationen» Seite 72).

Berufstätigkeit der Mutter

Manche berufstätige Mutter muss vor Ablauf des ersten Halbjahres mit jemandem die Betreuung ihres Kindes teilen (Partner, Tagesmutter, Kleinkinderzieherin in der Krippe, Babysitter). Wichtig ist, dass beide Betreuer auf die erwähnten Bedürfnisse des Kindes eingehen. So gewöhnt sich das Kind daran, zwei, drei feste Bezugspersonen zu haben.

Vertrauen in die Umwelt und in sich selbst

Gelingt es Ihnen und den weiteren Bezugspersonen Ihres Kindes, dieses Vertrauen zu vermitteln, dann wird das heranwachsende Kind Mitmenschen und Umwelt trauen, es wird Beziehungen aufnehmen, die Sachwelt erkunden und zugleich Selbstvertrauen entwickeln.

Kann man einen Säugling «verwöhnen»?

Angst vor Abhängigkeit

Viele junge Eltern befürchten, sie könnten aus Unerfahrenheit im Umgang mit einem Säugling in Abhängigkeit ihres Kindes geraten. Oder sie werden von Verwandten und Bekannten davor gewarnt, dem Kleinen «nachzugeben».

Hilferufe
Sicherheit geben

Diese Angst ist unbegründet. Das Kind «bezweckt», wenn es schreit, nichts anderes, als Hilfe herbeizurufen. Sie werden vermutlich das Bedürfnis verspüren, es an Ihren Körper zu nehmen und ihm Sicherheit zu geben. Sie dürfen das bedenkenlos tun, ohne Gefahr zu laufen, die Weichen für später falsch zu stellen.

Das Kind lernt, sich Schritt für Schritt von seinem Betreuer abzulösen

Ein Kind, das die Grundsicherheit am Körper eines ständigen Betreuers durch und durch erleben durfte, wird gegen Ende des ersten Lebensjahres imstande sein, sich Schritt für Schritt von diesem Betreuer zu lösen und sich von sich aus aktiv seiner Umgebung zuzuwenden. Es wird dabei immer seltener den Schutz des Erwachsenen brauchen und immer mehr Vertrauen in sich selber gewinnen. Der Betreuer muss allerdings auch bereit sein, das Kind loszulassen.

Sprechen Sie mit anderen Eltern darüber, lassen Sie sich nicht verunsichern – und geniessen auch Sie die Nähe zu Ihrem Kind.

Die kindliche Entwicklung

Nie mehr im Leben macht der Mensch eine so grosse Entwicklung durch wie im ersten Lebensjahr.

Nähe, Liebe, Zuneigung

Das Neugeborene nimmt alle Eindrücke über das Gefühl auf. Es spürt die Nähe und Liebe seiner Eltern und braucht ihre Zuneigung und Zärtlichkeit ebenso wie Nahrung und Körperpflege. Für seine Entwicklung braucht es Menschen, die sich mit ihm beschäftigen und eine Umgebung, die es entdecken und erforschen kann.

Jedes Kind ist anders

Kein Säugling und kein Kleinkind entwickelt sich gleich wie das andere. Mit den Worten Pestalozzis gesagt: «Vergleiche nie ein Kind mit einem anderen, sondern immer nur mit sich selbst». Die folgende Darstellung «Die Entwicklung Schritt für Schritt» zeigt die einzelnen Phasen der kindlichen Entwicklung bildlich auf. Diese Schritte werden aber von den Kindern nicht immer genau in dieser Reihenfolge durchlebt.

Die Entwicklung Schritt für Schritt

Neugeborenenzeit

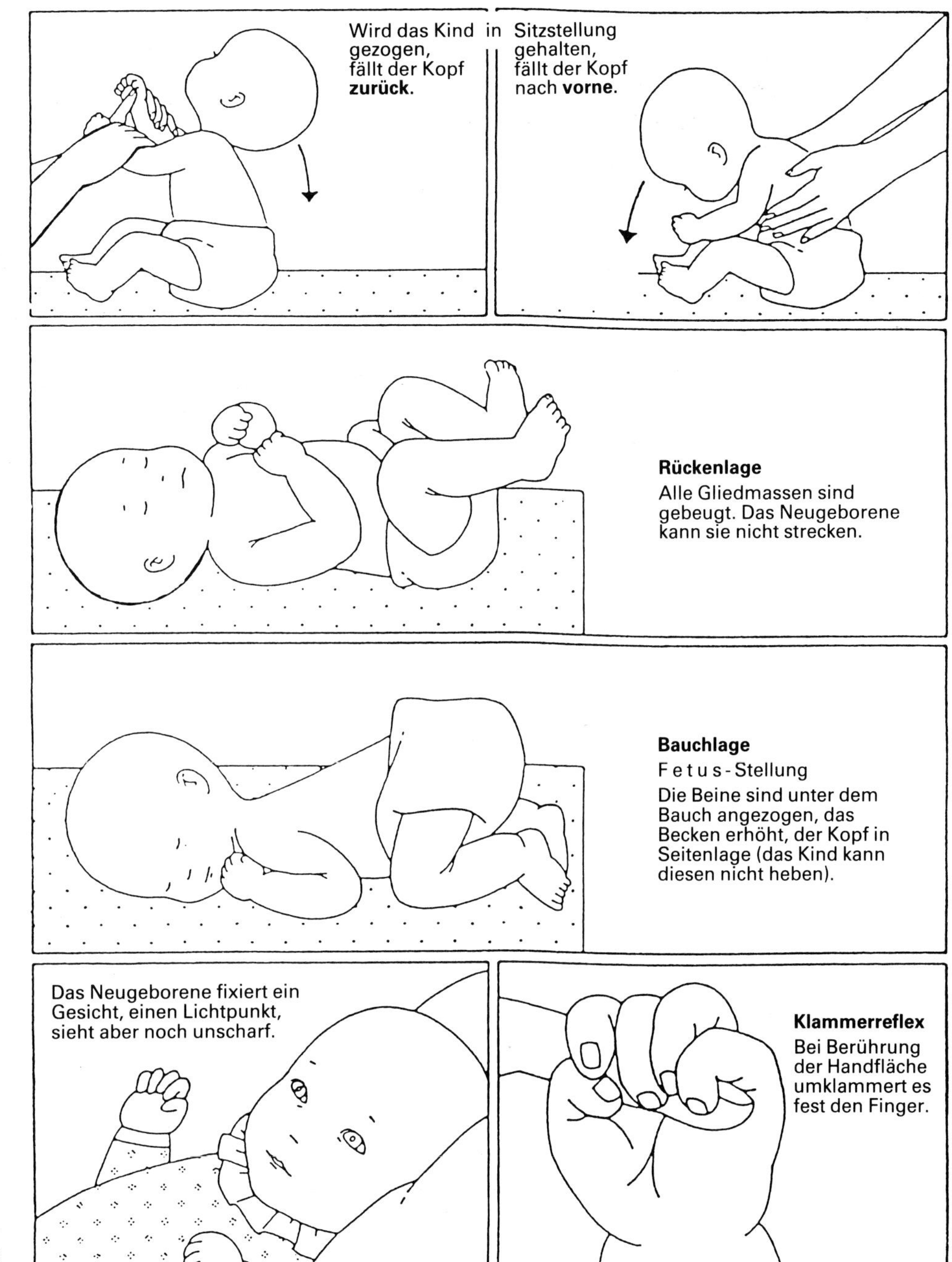

Aus: Gassier, Manuel du développement psychomoteur de l'enfant, Paris 1980

Säuglingszeit
Erstes Vierteljahr

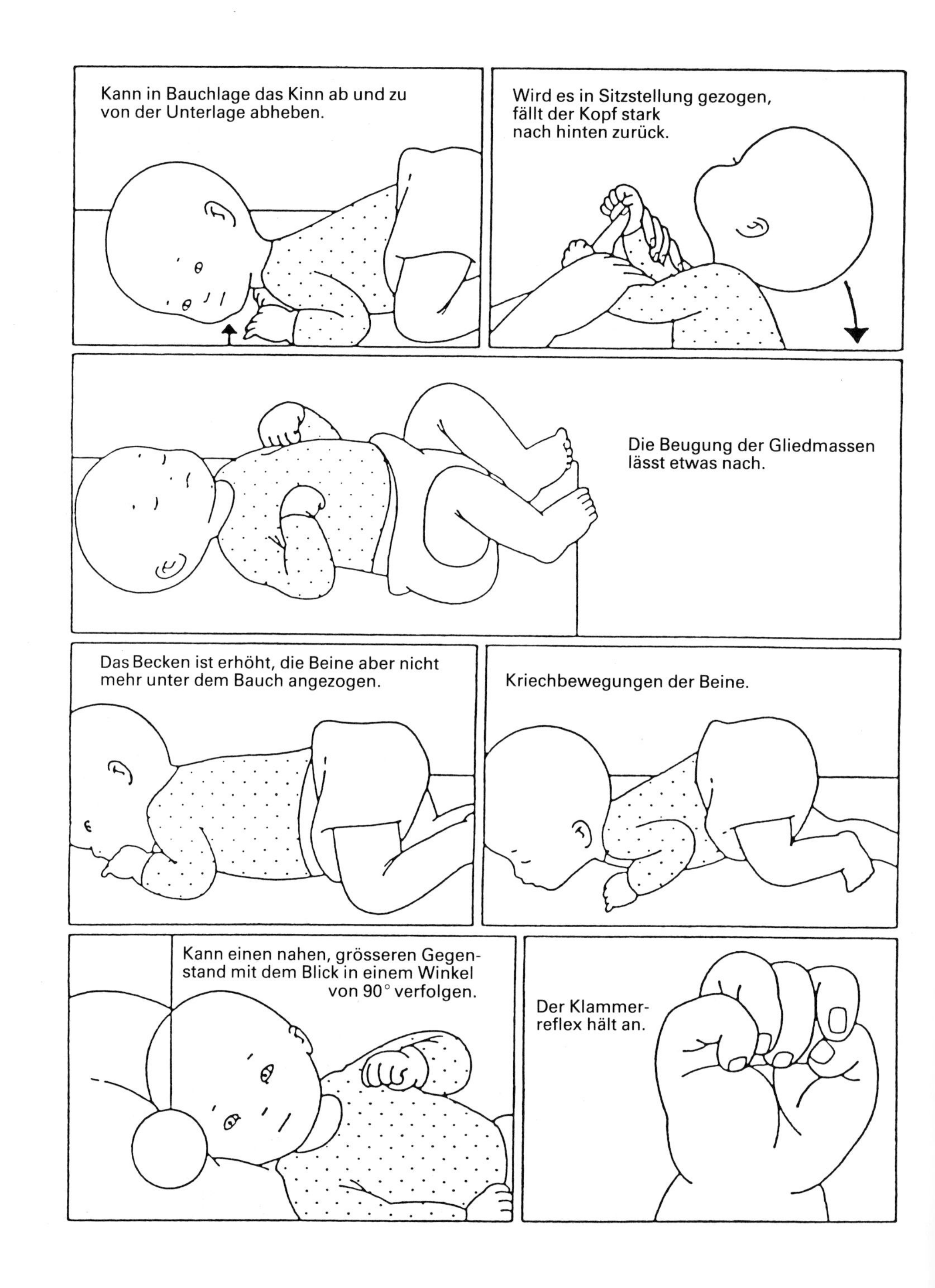

Säuglingszeit
Erstes Vierteljahr

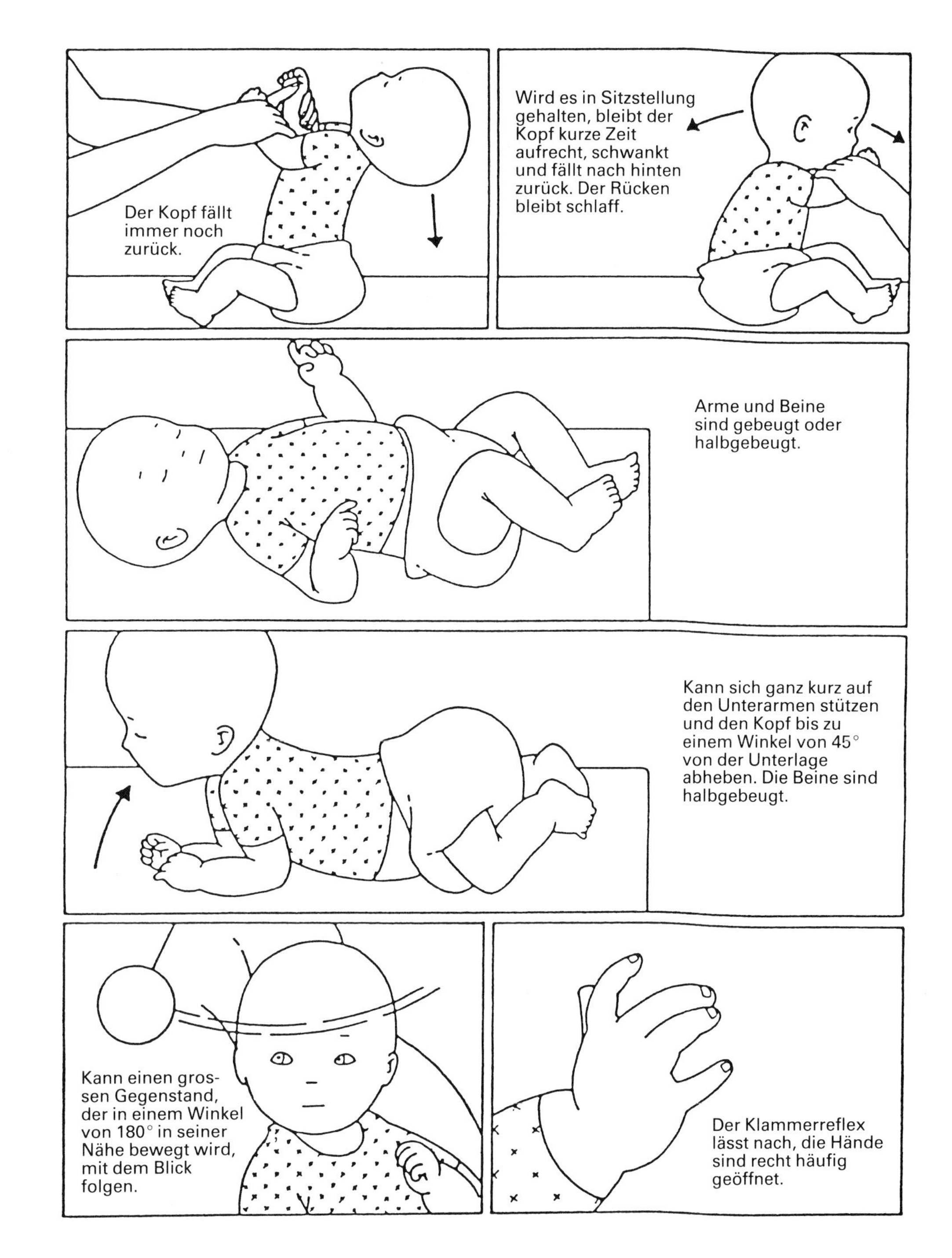

Säuglingszeit
Erstes Vierteljahr

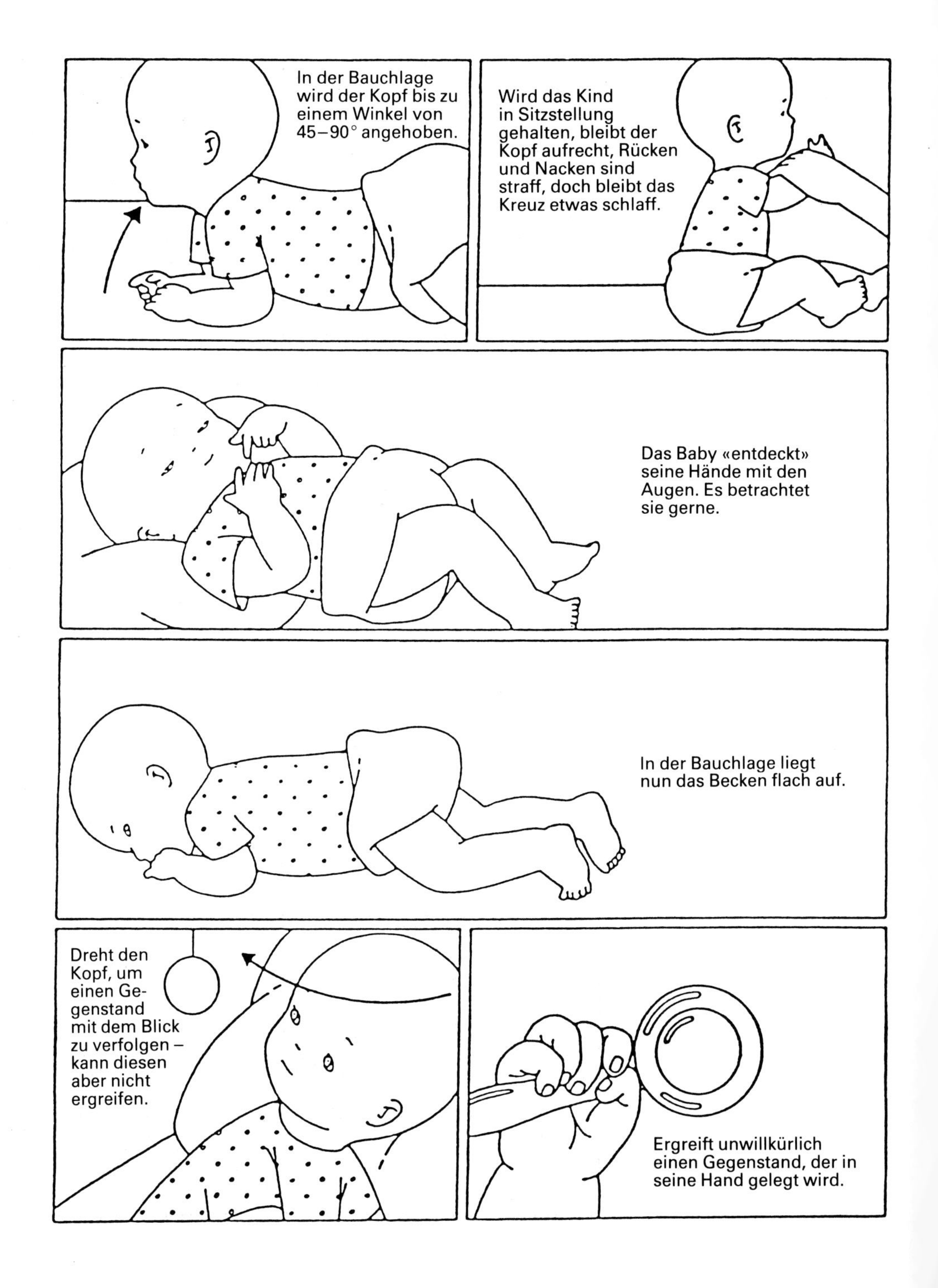

Säuglingszeit
Zweites Vierteljahr

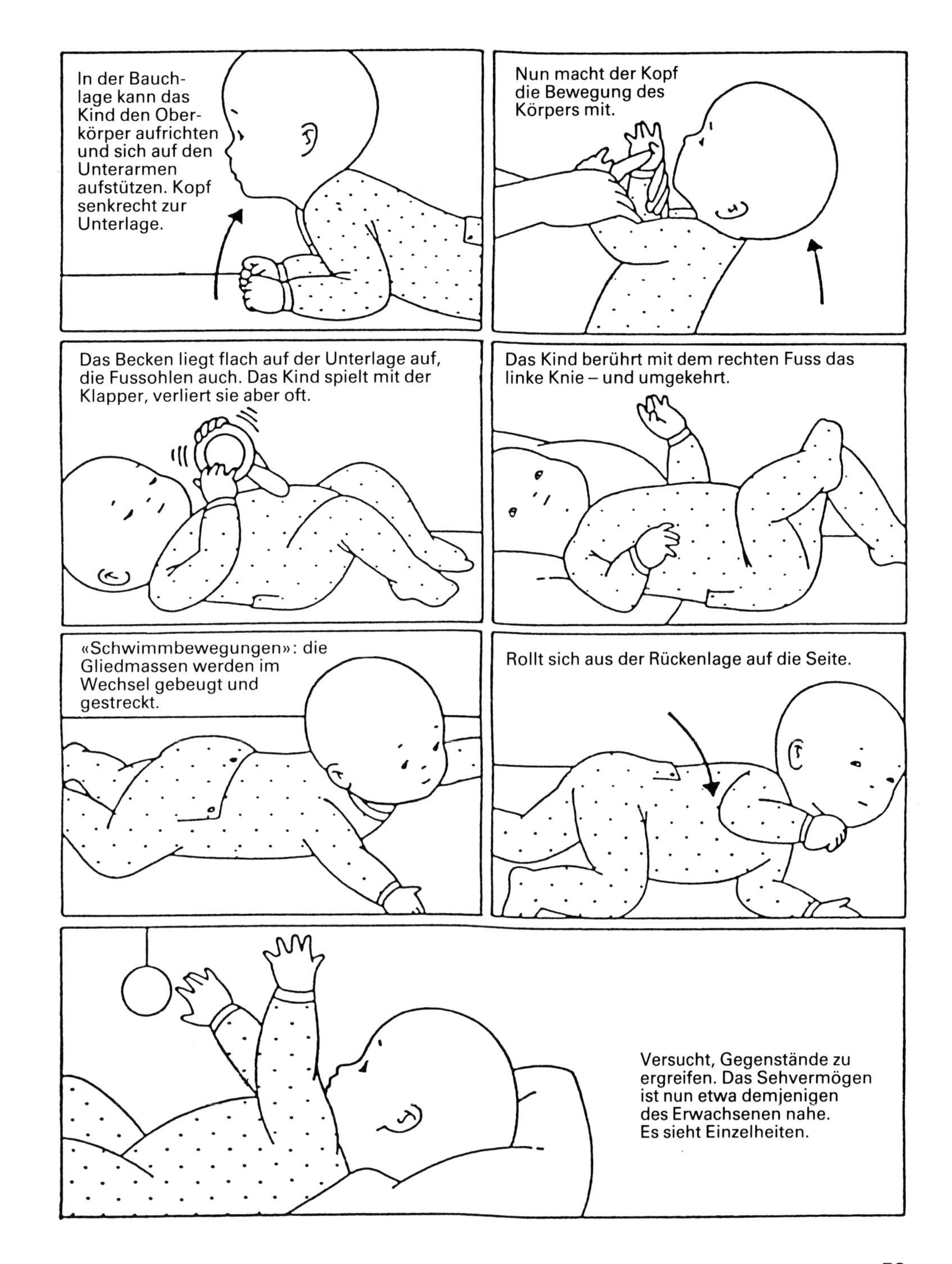

Säuglingszeit
Zweites Vierteljahr

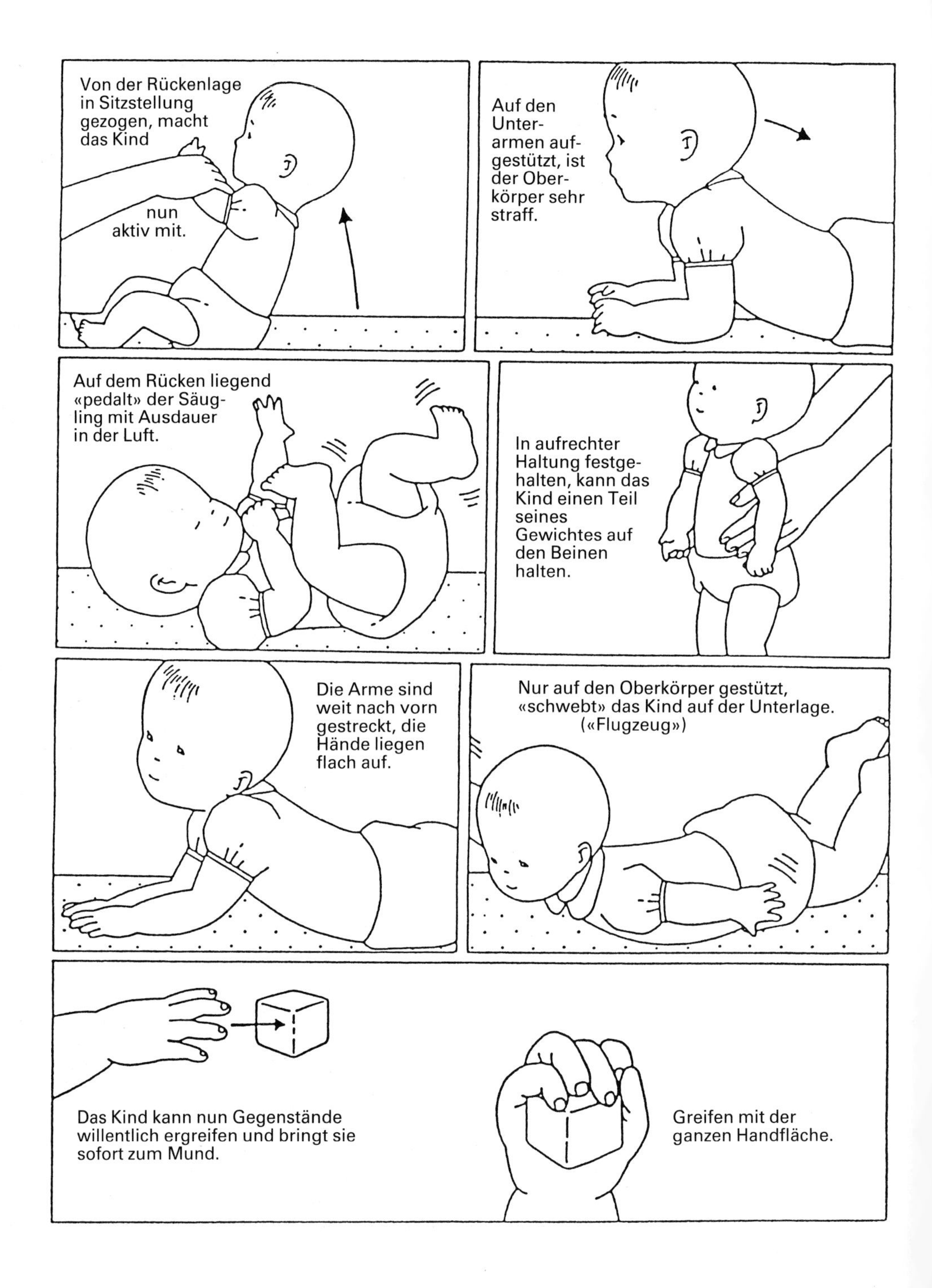

Säuglingszeit
Zweites Vierteljahr

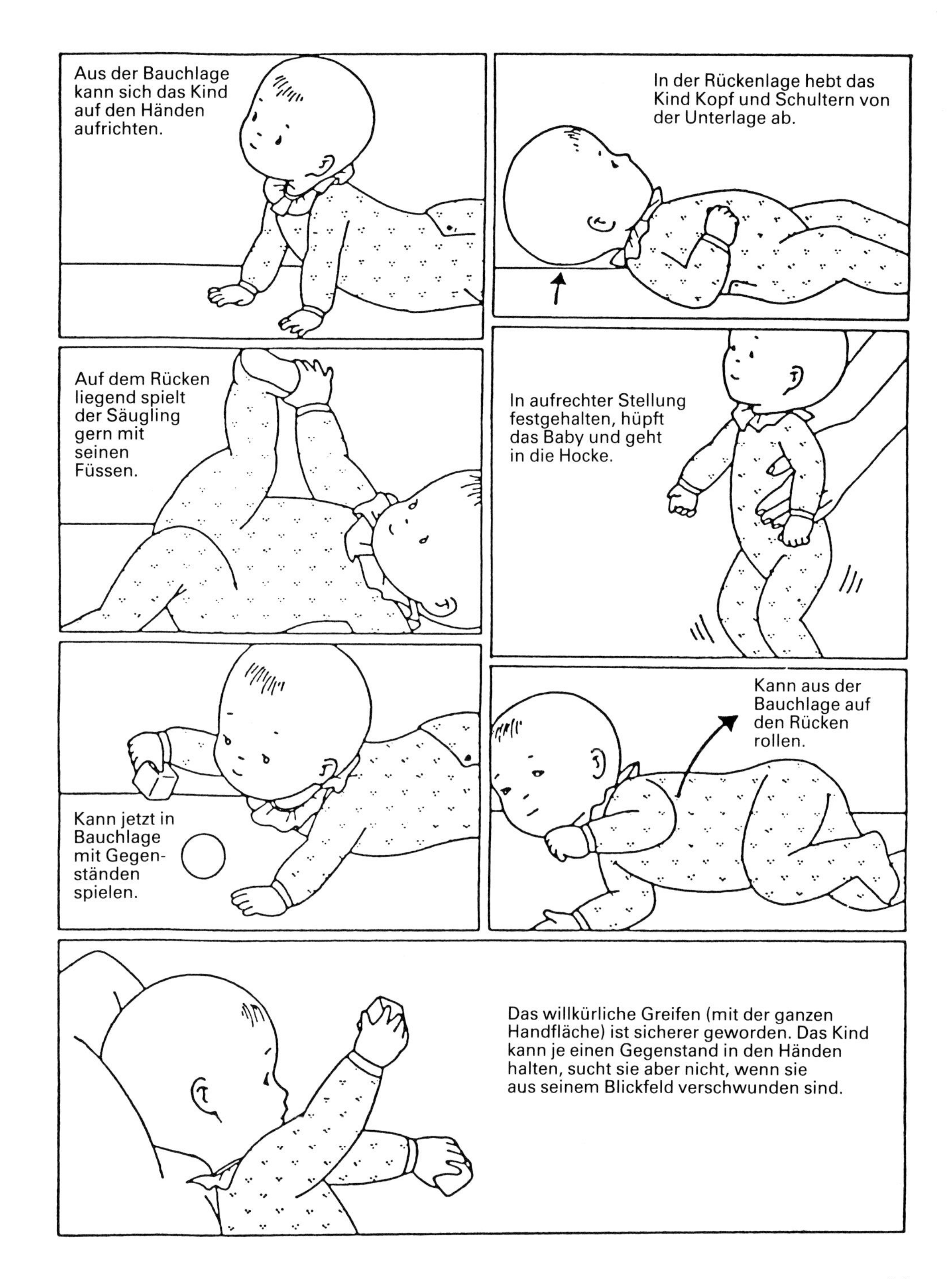

Säuglingszeit
Drittes Vierteljahr

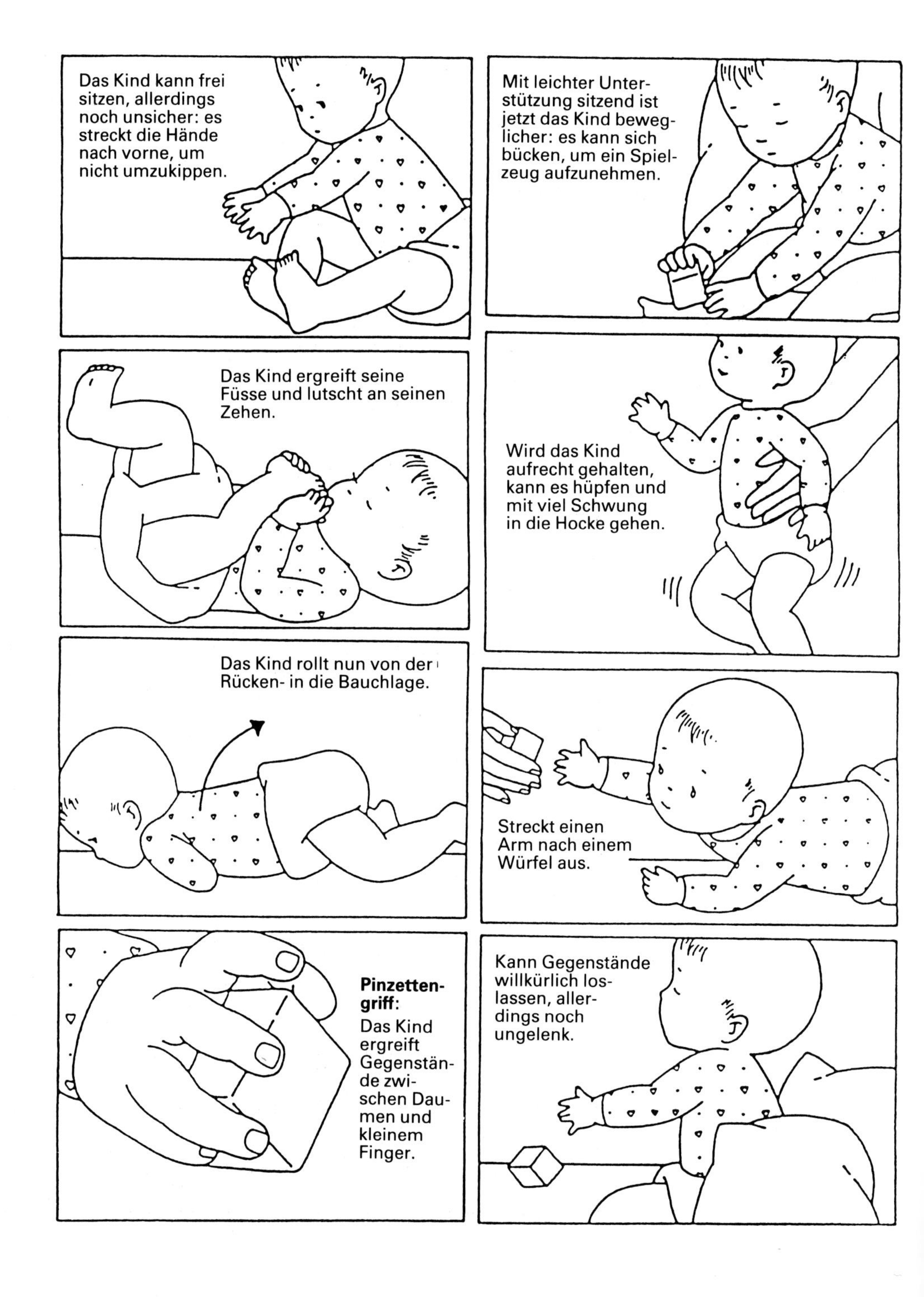

Säuglingszeit
Drittes Vierteljahr

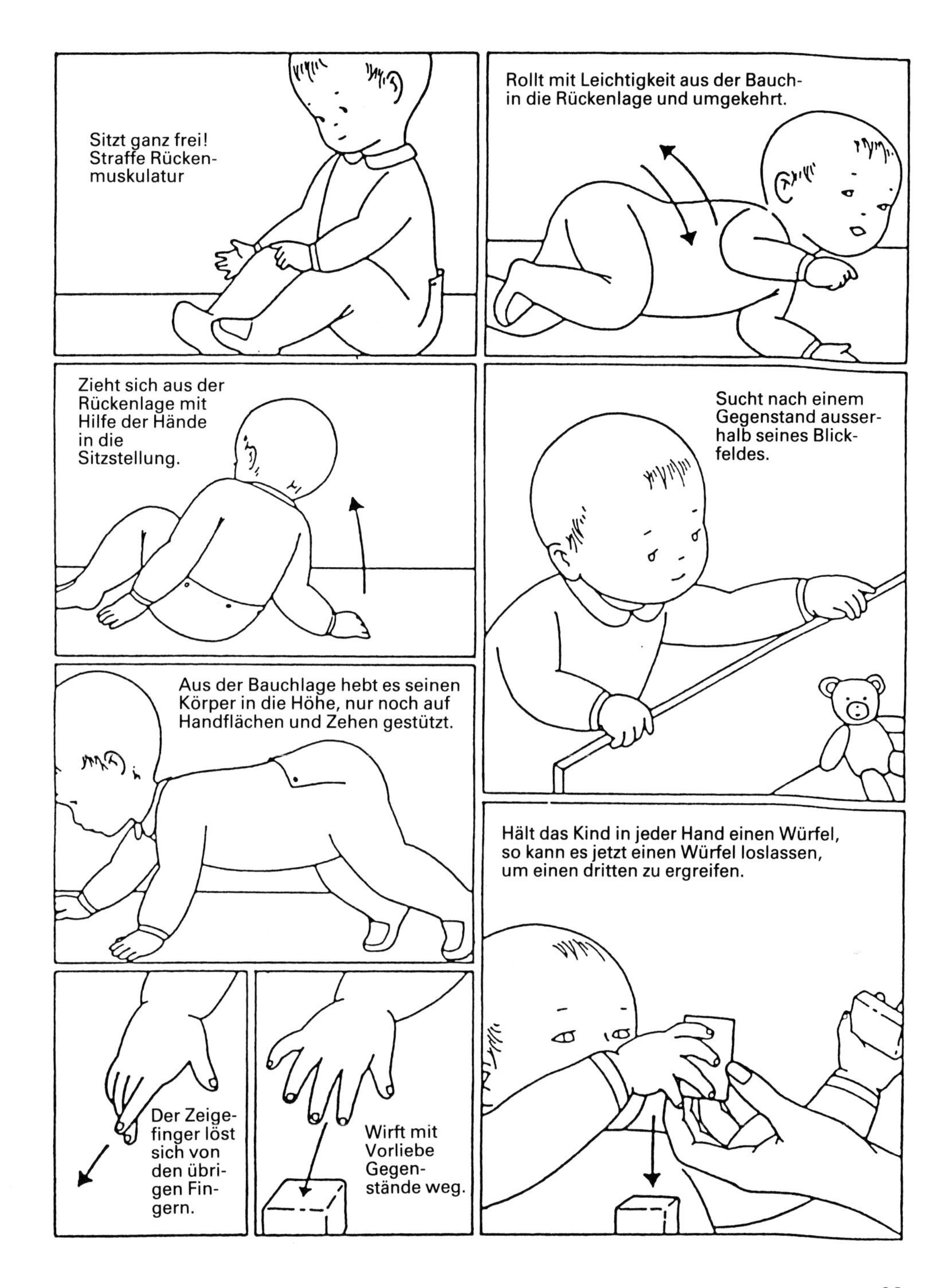

Säuglingszeit

Drittes Vierteljahr

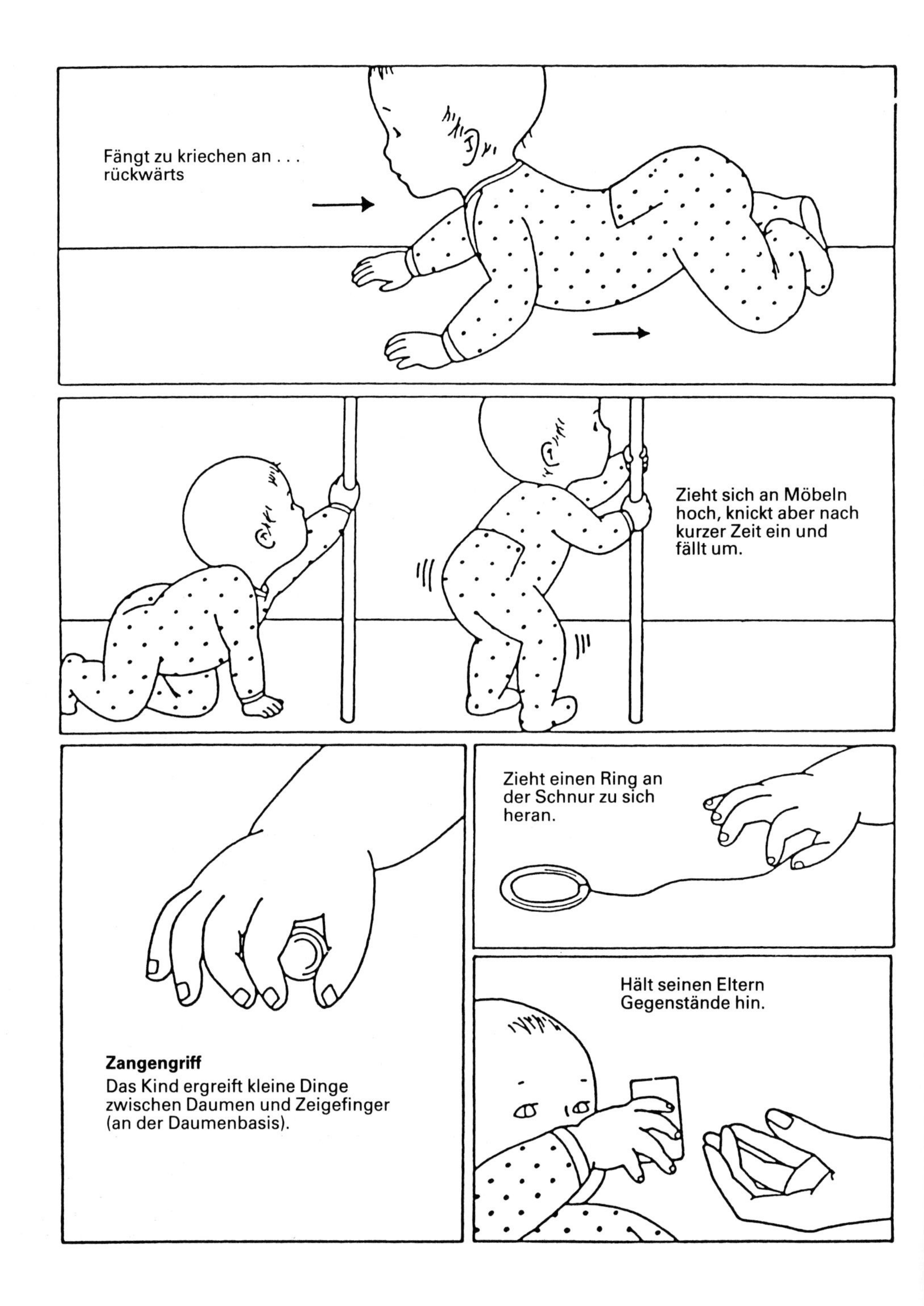

Säuglingszeit

Viertes Vierteljahr

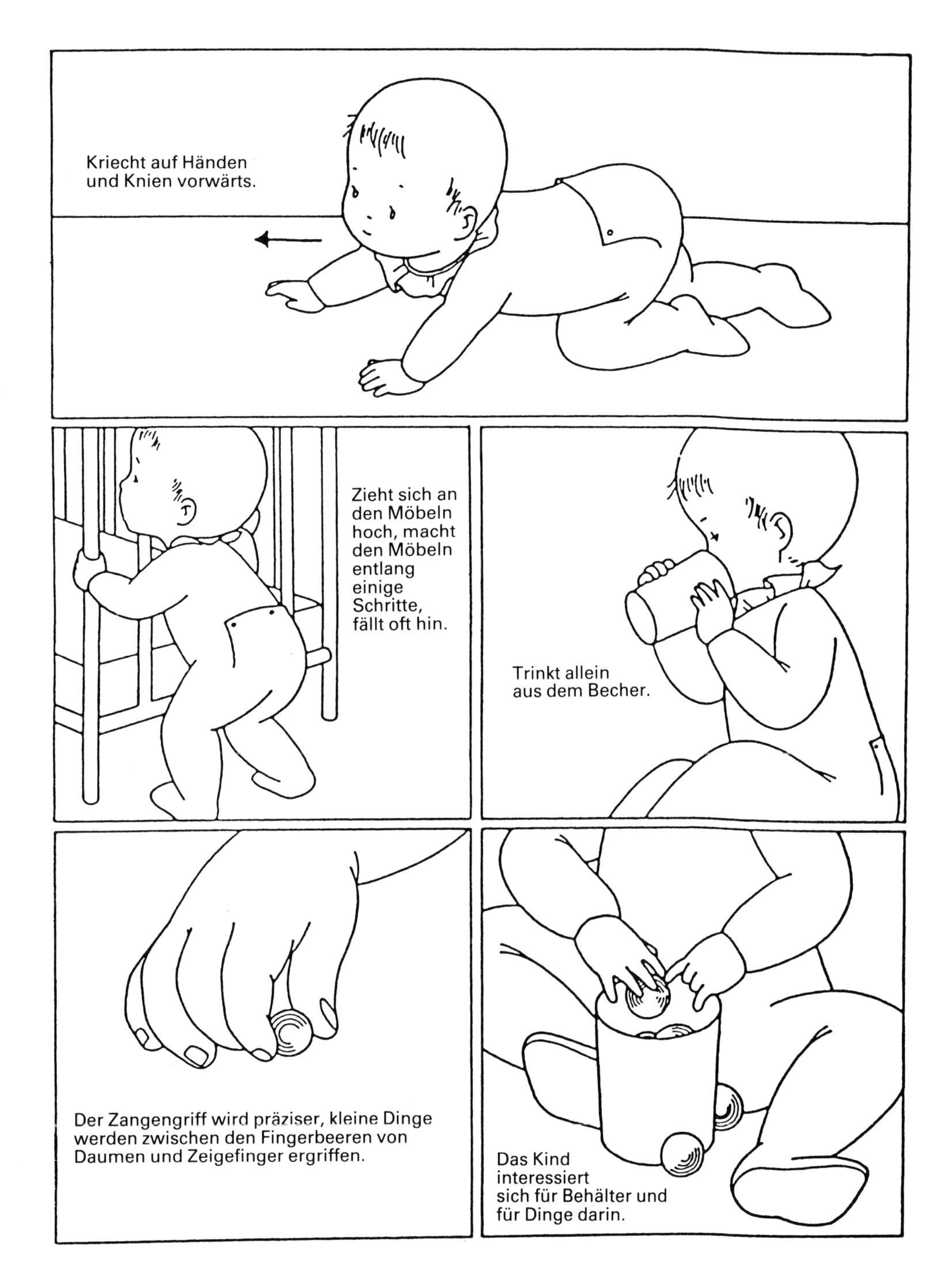

Säuglingszeit

Viertes Vierteljahr

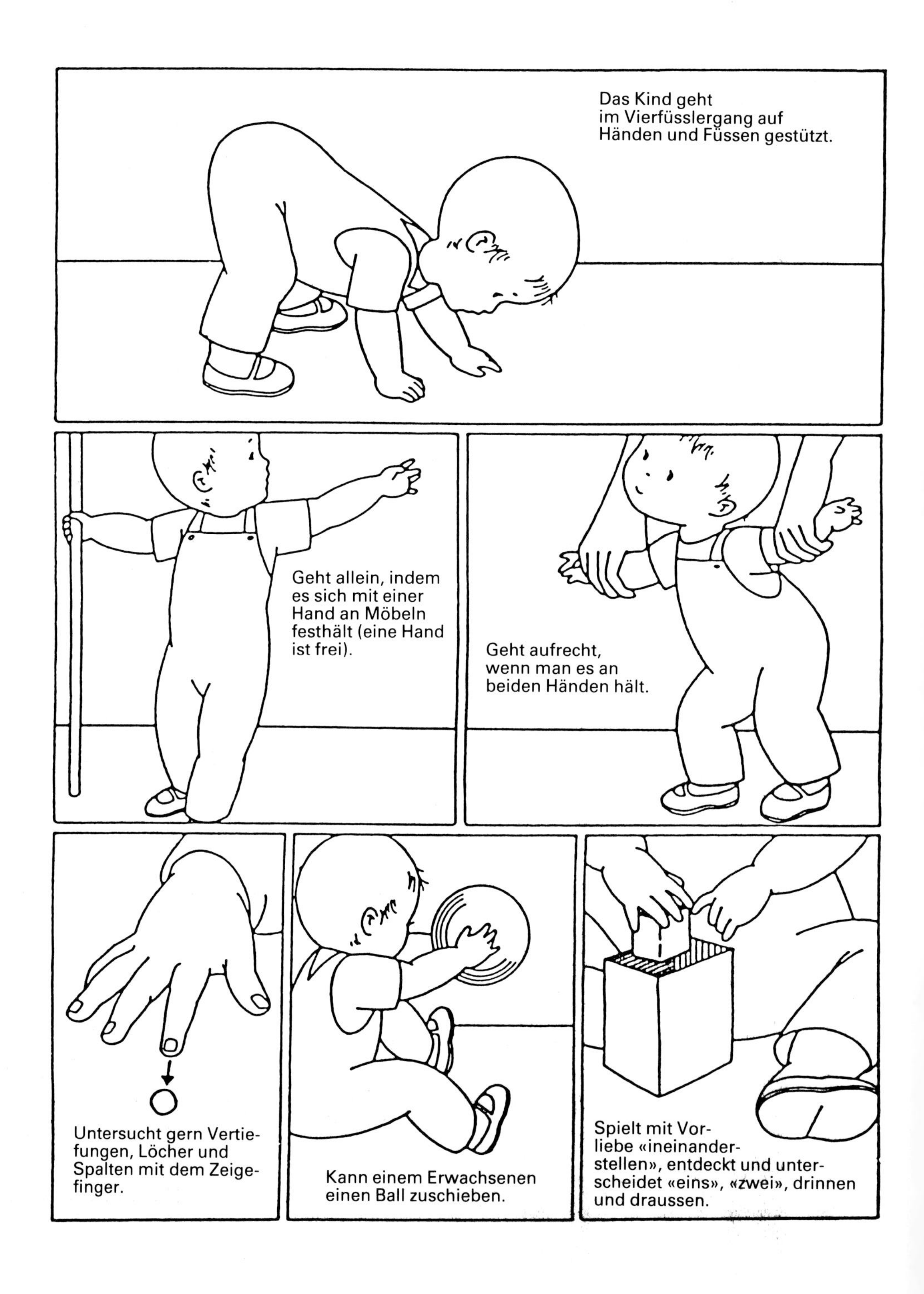

Säuglingszeit
Viertes Vierteljahr

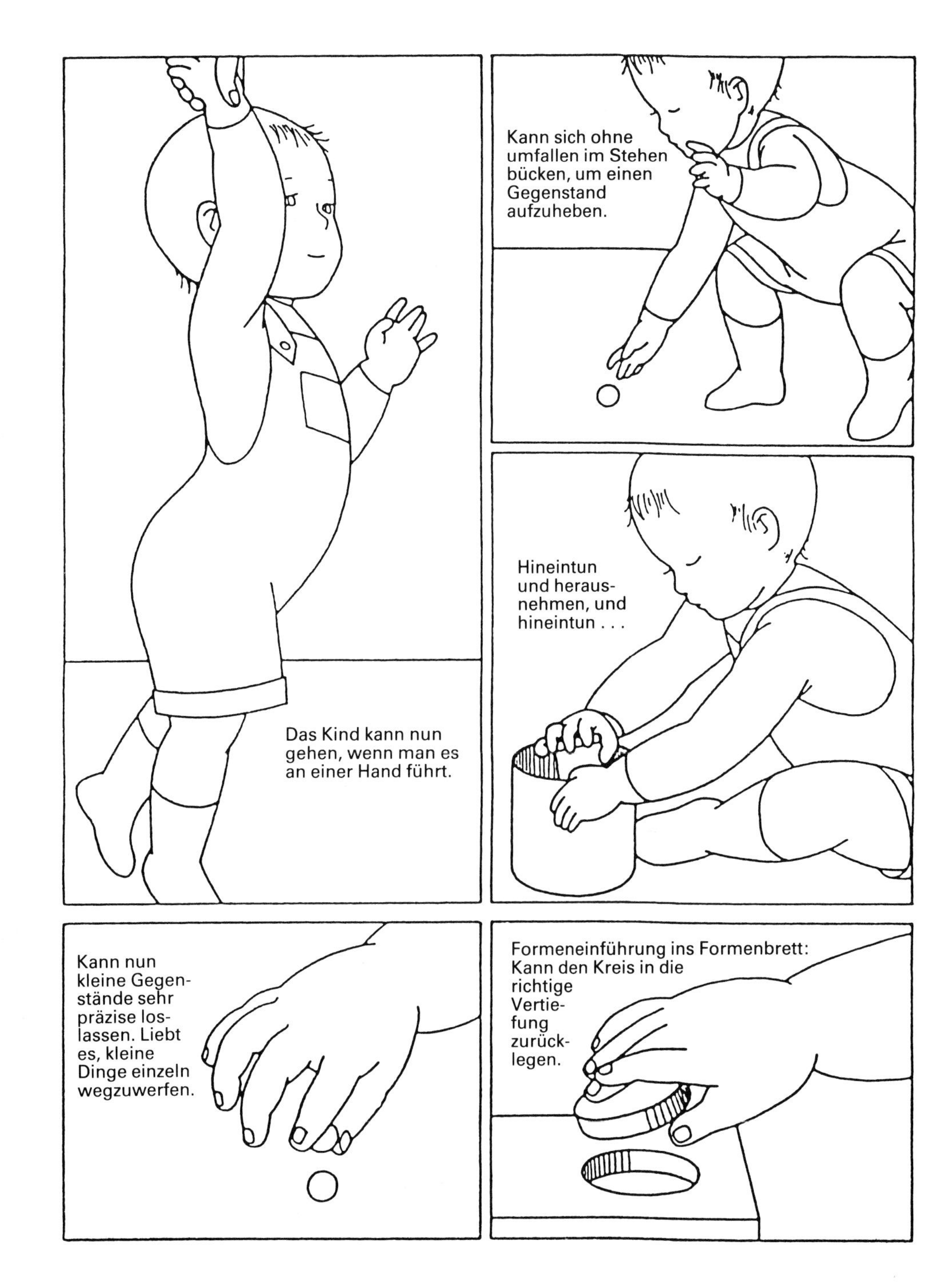

Früh- und Spätentwickler

Die Bandbreite der normalen Entwicklung ist viel breiter, als gewöhnlich angenommen wird. Frei sitzen beispielsweise kann ein Kind – in der Regel – zwischen 4½ und gut 9 Monaten. «In der Regel», weil es auch Kinder gibt, die ausserhalb dieses Zeitraumes das freie Sitzen erwerben. Die «Spätentwickler» sind doppelt so alt wie die «Frühentwickler», aber ebenso normal.

Bewegungsentwicklung Sprachentwicklung

Dazu kommt, dass es nicht dieselben Kinder sind, die in den verschiedenen Bereichen unter den Früh-, bzw., Spätentwicklern zu finden sind: Kinder, die in ihrer Fortbewegung (Sitzen, Gehen) frühentwickelt sind, lernen im allgemeinen später sprechen, und umgekehrt: Kinder, die früh plappern, sind in ihrer Bewegungsentwicklung etwas träger. Wenn Sie in bezug auf die Entwicklung Ihres Kindes unsicher sind, wenden Sie sich an Ihren Arzt oder an die Mütterberatungsschwester.

Sauberkeitserziehung

Drang spüren

Im ersten Lebensjahr ist es zu früh, den Topf zu benutzen, weil das Kind noch nicht imstande ist, seine Schliessmuskeln zu beherrschen und den Entleerungsdrang nicht verspürt. Soweit ist es erst zwischen eineinhalb und zwei Jahren.

Zeichen beobachten

Gegen Ende des ersten Lebensjahres ist es möglich, den Stuhl ab und zu rechtzeitig «abzufangen», wenn Sie die ankündigenden Zeichen beim Kind beobachten. Der spätere, bleibende Erfolg der Sauberkeitserziehung (in der Regel zwischen 3–6 Jahren) hängt nicht mit dem frühen Beginn zusammen. Das Kind wird zuerst die Darmkontrolle erreichen, einige Monate später die Blasenkontrolle tagsüber und wird schliesslich nachts trocken sein. Mehr über das Thema finden Sie im Buch: «Frühe Prägung der Persönlichkeit» von Marie Meierhofer (Literaturverzeichnis Seite 105).

Spiel und Spielzeug

Schon beim Säugling beobachtet man, wie er ganz dabei ist, wenn er spielt. Leib und Seele sind beteiligt; Lebensfreude, Leistungsbedürfnis, Entdeckerfreude finden im Spiel Ausdrucksmöglichkeiten.

Spielen bedeutet Anstrengung

Spielen bedeutet für das Kind auch Anstrengung und Konzentration, Anspannung und Entspannung. Es übt dabei seine Sinne, seine Bewegungsorgane, sein Denken, lernt Naturgesetze kennen und sich in eine Gemeinschaft einordnen. Es ist dabei selber aktiv und schöpferisch, auch wenn es etwas nachahmt. Nachahmung ist die Art des Kindes, etwas «denkerisch» nachzuvollziehen und zum eigenen Erfahrungsgut zu machen.

Nachahmung ist schöpferisch

Sehen und Hören

Im ersten Monat wandern die Blicke des Kindes umher und bleiben am Spielzeug haften, das am Bettchen hängt, oder am Mobile, das von der Decke baumelt und sich leicht bewegt. Das sind vertraute Dinge in seiner noch begrenzten Welt. Sehr gern hört es die ihm bekannten Stimmen, aber auch Töne, welche die ersten Spielsachen erzeugen (Klangholz, kleine Glocke, Musikdose).

Bewegungsspiele

Bald wird es sich seines ganzen Körpers bewusst und freut sich an immer neuen Bewegungen. Es strampelt gerne nackt, vor dem Bad oder beim Wickeln, wobei es seine Füsse und den Körper ungehindert ertasten kann.

Greifen führt zum Begreifen

Es freut sich an Spielsachen, die es mit seinen Händen greifen kann. Greifen führt zum Begreifen. Die Spielsachen vermitteln ihm neue Eindrücke wie Grösse, Form, Beschaffenheit, die es nicht nur mit den Händen, sondern vor allem auch mit dem Mund wahrnimmt.

Was braucht das Kind zum Spielen?

In den ersten Lebensjahren kennt Ihr Kind noch keinen Unterschied zwischen Spielzeug und Nicht-Spielzeug. In diesem Alter wird alles spielend erforscht und mit Vorliebe auch diejenigen Sachen, mit denen sich Erwachsene häufig beschäftigen. Nur wenige Haushaltgegenstände sind teurer als Spielzeuge.

Das Schönste für das Kind ist es aber, wenn Vater, Mutter, Grosseltern oder andere Menschen mit ihm spielen.

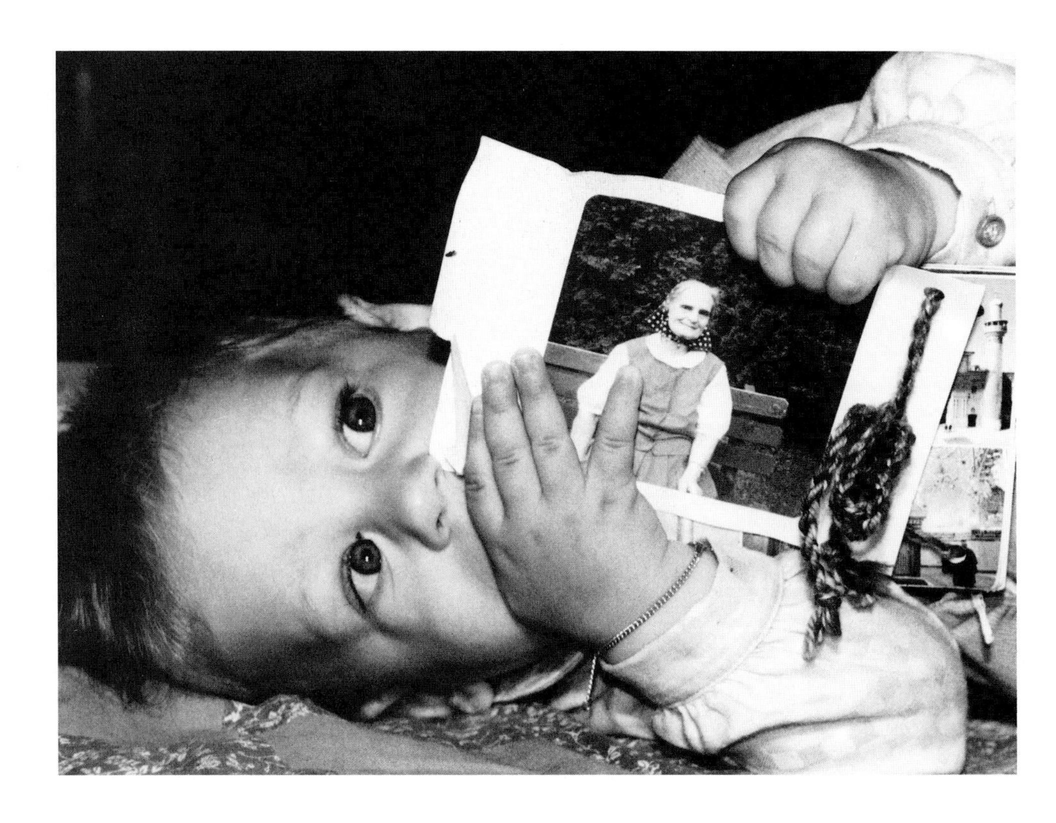

Versteckspiele

Ab dem 4. oder 5. Monat werden Versteckspiele in allen Variationen, angefangen mit dem beliebten «Gugus-Dada» hinter einem hochgehaltenen Tuch, interessant. Sie spüren die Spannung des Kleinen, wenn Ihr Gesicht für einen Moment verschwindet, erleben seine Freude und Entspannung, wenn Sie wieder auftauchen.

Vers- und Reimspiele

Und all die Vers- und Reimspiele, die Sie mit ihm zusammen wieder entdecken können! Zum Beispiel:

Fingerverse
Das isch dä Dume,
dä schüttlet d'Pflume,
dä lisst si uuf,
dä treit si hei,
und dä chli Stumpe
isst sie ganz elei.
(der Reihe nach die Finger des Kindes anfassen)

oder Neckspiele
Äugeli, Äugeli,
Näseli, Näseli,
Bäggli, Bäggli,
Chinneli, Chinneli (Gesichtsteile des Kindes berühren)
Girri-girri-giggs! (unterm Kinn kitzeln)

oder Kniereiterverse
Joggeli chasch au ryte, ja ja ja
Häsch d'Bei uf beide Syte, ja ja ja
Häsch em Rössli z'Frässe gäh, ja ja ja
Häsch em Rössli z'Trinke gäh, nei nei nei
Dänn rytet mer zum Brunne,
und rytet drüümal ume,
Dänn macht das Rössli trap
und rüert de Ryter ab
(Das Kind auf Ihren Knien reiten lassen und am Schluss des Verses festhalten und seit- oder rückwärts kippen.)

Oder singen Sie einen der unentbehrlichen **Trostverse,** wenn sich das Kind wehgetan hat:

Heile, heile, Chätzli,
S'Büsi hät vier Tätzli,
Vier Tätzli und en lange Schwanz –
Morn isch alles wieder ganz!

Weitere Ideen (Literaturverzeichnis Seite 106)

Kind und Partnerschaft

Dreierbeziehung

Die Umstellung von der Zweier- auf die Dreierbeziehung bringt neue Aspekte ins Zusammenleben. Auf der Gefühlsebene kommt einiges in Bewegung.

Geniessen Sie die freudigen, lichten Seiten des sich Neu-Kennenlernens. Vielleicht sind Sie gegenseitig erstaunt, wie der Partner positiv auf die Veränderung eingehen kann. Es gibt viele freudige Situationen mit dem kleinen Kind, teilen Sie diese Erlebnisse einander mit.

Zeit füreinander

Im Trubel all der neuen Erfahrungen mit dem Kleinen vergisst man oft allzu schnell die Beziehung zum Partner. Zwischendurch, wenn das Kind schläft, lassen Sie einfach einmal alles liegen und nützen den kurzen Moment füreinander. Die gemeinsamen Aktivitäten, die Ihnen vor der Geburt wichtig waren, sollten nicht verlorengehen.

Neuorientierung

Das Kind nimmt vorübergehend einen sehr grossen Platz ein. Der ganze Lebensrhythmus wird sich anfänglich nach ihm ausrichten. Diese Neuorientierung braucht viel Zeit und Kraft. Es kann nicht mehr so sein wie früher. Diese Tatsache zu akzeptieren ist oft schwierig.

Miteinander reden

Suchen Sie das klärende Gespräch, nehmen Sie sich Zeit für die Auseinandersetzung mit Ihrem Partner, mit Freunden, welche gleiche Situationen erlebt haben. Spüren Sie Ihren Gefühlen nach und reden Sie in einem offenen, ehrlichen Gespräch darüber.

Überforderungssituationen

Sich mitteilen

Pannen, Missverständnisse und Überforderungssituationen lassen sich nicht ganz vermeiden. Wenn es Ihnen gelingt, sich nicht isolieren zu lassen mit den negativen Gefühlen, sondern offen und mit anderen im Gespräch zu bleiben, dann haben Sie den wichtigsten Schritt getan.

Häusliche Reorganisation

In vielen Fällen wird das Tief nach einer gründlichen häuslichen Reorganisation, einer Neuverteilung der Pflichten, dem Auffinden unterstützender Personen ohne grössere Probleme überwunden. Ein neues Gleichgewicht pendelt sich ein.

Es gelingt beiden Partnern, neben der neuen Gebundenheit wieder Freiräume für sich zu finden, neben der Belastung Tag für Tag auch Freuden zu erleben.

Überbelastung

Das Kind reagiert auf die gereizte Stimmung

Teufelskreis

Für einzelne häufen sich gerade in den ersten Wochen oder Monaten mit dem Kind Enttäuschungen, Müdigkeit, Ängstlichkeit, Ungeduld dem Partner gegenüber, Lustlosigkeit oder Konflikte aller Art und bringen eine Überbelastung, welche die Eltern allein nicht mehr meistern können. Zudem reagiert das Kind auf die Nervosität der Eltern mit Unruhe und Schreien. Die Eltern wiederum (oder ein Elternteil) reagieren gereizt auf dieses Verhalten, fassen den Säugling unsanft an, schütteln ihn, sprechen gehässig zu ihm oder brüllen ihn an. Der Unmut des Kindes steigt weiter, der Teufelskreis schliesst sich.

Dem Kind «den Meister» zeigen?

Manche Eltern äussern den Verdacht, der Säugling fordere sie absichtlich heraus, man müsse ihm nur «den Meister zeigen». Diese Ansicht ist falsch. Ihr Kleines signalisiert mit seinem Verhalten bloss, dass in seiner Welt etwas nicht stimmt und appelliert an die Mitmenschen, damit diese wieder alles in Ordnung bringen. Seine Protestschreie richten sich gegen den Missstand, nicht gegen die Eltern.

Distanz gewinnen

Versuchen Sie, Distanz zu gewinnen zu den Problemen, vielleicht auch zu den beteiligten Personen: z. B. kann das Kind vorübergehend jemandem anders in Obhut gegeben werden.

Kraft auftanken

Hilfe beiziehen

Tanken Sie selber neue Kraft auf und ziehen Sie jemanden bei, der Hilfe bieten kann beim Lösen der anstehenden Probleme oder jemanden, der ganz praktisch dort zupacken kann, wo es nötig ist. Gute Freunde, Verwandte, Nachbarn kommen in Frage, und dort, wo niemand zur Verfügung steht oder wo diese Hilfe nicht genügt, stehen professionelle Helfer (Sozialarbeiter, Familienhelfer, Psychologe, Mütterberatungsschwester, Arzt, Psychiater, Seelsorger) zur Verfügung. Eltern finden Unterstützung bei den regionalen Jugendämtern, Jugendsekretariaten, Sozial- oder Fürsorgeämtern oder über den Schweizerischen Kinderschutzbund (Adressenverzeichnis Seite 103).

Wenn die Eltern ausgehen

Nach den ersten Wochen mit Ihrem Kind haben Sie als Paar das Bedürfnis, wieder einmal etwas gemeinsam zu tun.

Gönnen Sie sich diese Zeit! Auch die Beziehung der Eltern zueinander als Partner muss weiter gepflegt werden, und das braucht Zeit. Denken Sie deshalb nicht, dass Ihr Kind darunter leidet. Wählen Sie allerdings einen Zeitpunkt für Ihr Wegbleiben, zu dem das Kind weder krank ist noch z. B. fremdet oder gerade in einer Entwicklungskrise steht.

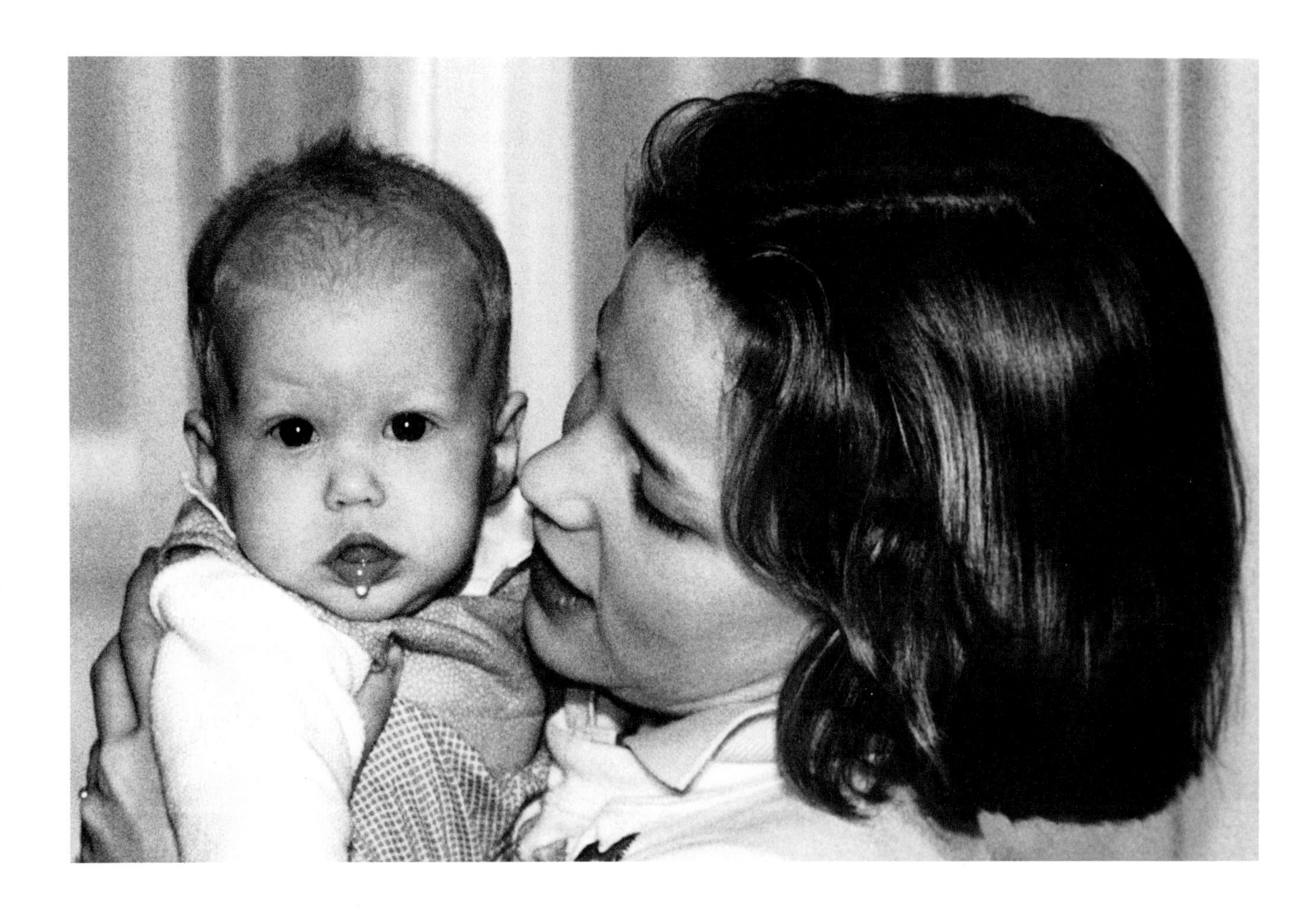

Babysitter

Schaffen Sie schon im voraus ein Vertrauensverhältnis zwischen Ihnen, dem Kind und dem Babysitter, seien dies nun Grosseltern, ein Jugendlicher oder ein Nachbar. Nehmen Sie sich Zeit, sich vom Kind zu verabschieden, alle notwendigen Informationen weiterzugeben (Schlafrhythmus, Mahlzeiten, andere Gewohnheiten des Kindes, wo die Eltern erreichbar sind usw.) und Fragen des Babysitters zu beantworten. Schleichen Sie sich nicht unbemerkt davon. Sagen Sie dem Kind, dass Sie fortgehen und dann wiederkommen, auch wenn es Ihre Worte noch nicht versteht.

Ihr Kind wird sich über eine Abwechslung ebenso freuen wie über Ihre Rückkehr, wenn es sich geborgen fühlt.

Die Gesundheit des Kindes

«Gesundheit ist Ganzheit und Funktionstüchtigkeit der Körperorgane und -funktionen sowie aller psychisch-geistigen Strukturen. Gesundheit meint aber auch die Fähigkeit, mit vorgegebenen Möglichkeiten und Grenzen umzugehen und eine individuell mögliche Ganzheit (Anpassung an die Realität) zu verwirklichen. Gesundsein ist demnach ein Befinden, eine Befindlichkeit und eine Gestimmtheit, die unabhängig von äusseren Symptomen ist. Symptomlosigkeit ist mit dem Leben unvereinbar. Leben heisst am Wachstumsprozess teilnehmen. Wachstum untersteht dem Gesetz des Stirb und Werde und folglich auch der Unumgänglichkeit, Verletzung zu erfahren. Verletzungen aber bergen in sich, wenn sie ernst genommen werden, auch die Chance der Veränderung und des Wachstums an Reife.»

Zitat aus: «Pflegen – Begleiten – Leben» von Schwester Liliane Juchli, Seite 70, Friedrich Reinhardt Verlag, Basel, Recom Verlag.

Gesundsein – Kranksein

Sinn der Krankheit

Sie können Ihr Kind nicht vor allen Unpässlichkeiten und Krankheiten bewahren. Durch die Krankheit bekommt der kindliche Organismus die Möglichkeit, Abwehrkräfte zu entwickeln und dadurch zu erstarken. Voraussetzung ist allerdings, dass Sie dem kindlichen Organismus die Gelegenheit lassen, sich selbst aktiv zu beteiligen und dadurch die körpereigenen Abwehr- und Heilkräfte zu entwickeln. Eine positiv erlebte Kinderkrankheit kann dem Kind wichtige Entwicklungsimpulse vermitteln, es reifer werden lassen. Deshalb ist es wichtig, Medikamente vorsichtig einzusetzen und deren Gebrauch mit dem Arzt zu besprechen.

Rolle der Eltern

In seinen Krankheitstagen findet das Kind eine willkommene Gelegenheit, Vater oder Mutter (oder Grosseltern) näherzukommen und ihre Aufmerksamkeit für eigene Anliegen zu gewinnen. Die Eltern ihrerseits lernen ihr Kind besser kennen und verstehen. Ihnen als Eltern fällt die Aufgabe zu, Ihr krankes Kind gut zu beobachten, um ihm so gut wie möglich zu helfen und um den herangezogenen

Fachleuten die nötigen Informationen geben zu können. Ihre Hauptpartner in allen Fragen, die das Gesundsein und Kranksein Ihres Kindes betreffen, sind die Mütterberatungsschwester Ihrer Region und Ihr Arzt (Hausarzt, Kinderarzt). Ziehen Sie diese frühzeitig bei. Sie werden Ihnen gerne Auskunft geben und Sie beraten.

Mütterberatungsschwester und Arzt

Die Mütterberatungsschwester

In allen Fragen im Bereich der körperlichen und seelischen Entwicklung können Sie sich ausser an Ihren Hausarzt auch an die Mütterberatungsschwester Ihrer Region wenden. Als Kinderkrankenschwester mit zusätzlicher Ausbildung in Mütterberatung hat sie neben dem Fachwissen auch viel Erfahrung mit kleinen Kindern und deren Eltern. Sie ist gerne bereit, Ihnen zuzuhören, wenn Sie beunruhigt oder verunsichert sind, Sie zu bestätigen, Ihnen Tips zu geben oder die für Ihr Anliegen zuständige Fachperson zu finden.

Auf Wunsch besucht die Mütterberatungsschwester Sie zu Hause, wo sie in aller Ruhe Ihre Fragen beantworten kann oder einfach, damit Sie sich gegenseitig kennenlernen.

Nebst den Telefonstunden und den Besuchen leitet die Schwester die öffentlichen Mütterberatungsstellen in den Gemeinden. Diese Besprechungsnachmittage können Sie als eine Art Elternbegleitung in Anspruch nehmen.

Oft leitet die Mütterberatungsschwester Vorbereitungskurse für werdende Eltern (Säuglingspflegekurse). Telefonnummer und Adresse erhalten Sie bei der Gemeindekanzlei oder beim Pro Juventute Zentralsekretariat.

Besuch beim Arzt

Die erste ärztliche Kontrolle findet in den ersten drei bis vier Lebensmonaten des Kindes statt. Bei dieser Gelegenheit können Sie Fragen stellen, Unsicherheiten klären und die gewünschten Informationen bekommen. Schreiben Sie schon zu Hause auf, was Sie wissen möchten, nehmen Sie den Zettel mit und getrauen Sie sich, alles anzusprechen.

Wichtige Voraussetzung für eine positive Beziehung zwischen Ihrem Kind, der Mütterberatungsschwester und dem Arzt ist Ihr Vertrauen zu ihnen; damit geben Sie auch Ihrem Kind Sicherheit.

Schutzimpfungen

Schutzimpfungen veranlassen den kindlichen Organismus dazu, sich gegen bestimmte Infektionskrankheiten zu schützen (vor allem Antikörper zu bilden). Allgemein wird deshalb das Impfen der Kinder empfohlen. Der Arzt oder das Spital werden Ihnen einen Impfplan nach Empfehlung des Bundesamtes für Gesundheit abgeben.

Besprechen Sie den individuellen Impfkalender Ihres Kindes mit dem Arzt. Er wird Ihre Fragen beantworten (z. B. bezüglich Notwendigkeit einzelner Impfungen) und Sie beraten. Sie sind grundsätzlich frei in Ihren Entscheidungen, das Kind impfen zu lassen.

Am Impftag

Bei der Impfung soll das Kind gesund sein. War es in den Tagen vor der Impfung unpässlich oder krank, muss dies dem Arzt gemeldet werden, der die Impfung vielleicht um einige Tage verschieben wird.

Impfausweis

Bewahren Sie den persönlichen Impfausweis Ihres Kindes sorgfältig auf und bringen Sie ihn zur Arztvisite mit.

Erste Unpässlichkeiten: Vorbeugen – erste Massnahmen

Wie merken Sie, dass dem Kind unwohl ist?

Weil Sie als Eltern mit Ihrem Kind vertraut sind, bemerken Sie meist sofort, wenn sich sein Aussehen oder sein Verhalten verändert.

Für jedes Kind ein Heft führen

Es empfiehlt sich, Angaben über Entwicklung, Impfungen, Krankheiten, Unfälle oder Spitalaufenthalte des Kindes zu machen und z. B. in einem Heft festzuhalten. Diese sind nicht nur den Eltern, sondern auch dem Arzt und später dem Kind selber eine Hilfe.

Krankheitszeichen sind:

Krankheitszeichen erkennen

- Veränderter Gesichtsausdruck, veränderte Gesichtsfarbe
- Ungewohntes Schreien, Unruhe des Kindes
- Unzufriedenes, «mudriges» Verhalten
- Verweigerung der Nahrung
- Durchfall oder Verstopfung
- Erbrechen
- Schwitzen, Ausschlag, gerötete oder blasse Haut
- Husten, erschwerte Atmung, Bewegen der Nasenflügel bei jedem Atemzug
- Erschlaffte oder verkrampfte Glieder

Wenn solche Krankheitszeichen auftreten, wird als erstes die Körpertemperatur gemessen, das Kind gut beobachtet und der Arzt um Rat gefragt.

Kinderkrankheiten

Über typische Kinderkrankheiten erfahren Sie zum Beispiel mehr im Buch «Mein Kind – gesund und krank» von Dr. Salzberg oder im Buch «Die erste Kindheit» von Dr. Czermak (Literaturverzeichnis Seite 107).
Damit Sie einige Anhaltspunkte haben, hier das Wichtigste über die häufigsten Unpässlichkeiten im ersten Lebensjahr:

Speien

Es gibt Kinder, die nach jeder Mahlzeit etwas Nahrung herausgeben. Dieses Speien kann folgende Ursachen haben:

Warum speit ein Säugling?

- Das Kind trinkt sehr hastig
- Das Loch des Saugers ist zu gross, das Kind bekommt zu viel Nahrung
- Das Kind schluckt beim Trinken viel Luft
- Die Atmosphäre ist unruhig, gespannt

Was hilft?

Versuchen Sie herauszufinden, warum das Kind speit, und handeln Sie dementsprechend:

- Nehmen Sie einen Sauger mit kleinerem Loch
- Lassen Sie das Kind gut aufstossen
- Legen Sie es eventuell einige Zeit nach den Mahlzeiten auf den Bauch (am besten auf den Bauch des auf dem Rücken liegenden Betreuers)
- Vielleicht ist es günstig, die Schoppenmilch mit Fenchel- oder Kamillentee anzurühren

«Speikinder»

Solange ein Kind trotz Speien gut zunimmt, muss nicht nach Ursachen gesucht werden. Es gibt Kinder, die einfach über längere Zeit speien und dabei sehr gut gedeihen.

Erbrechen

Speien und Erbrechen unterscheiden

Wichtig ist, dass Sie das Speien vom ernsteren Erbrechen unterscheiden! Erbricht das Kind grössere Mengen im Schwall, ziehen Sie die Mütterberatungsschwester oder den Arzt bei. Einmaliges Erbrechen ist selten beunruhigend, an einem Tag 3–4maliges Erbrechen ist ernstzunehmen, da der Säugling zuviel Flüssigkeit verlieren könnte und schwerwiegendere Ursachen dahinter stecken könnten.

Verstopfung

Ursache

Überlegen Sie sich, ob eventuell ein Nahrungsmittel den harten Stuhl verursacht, z. B. überdosierte Schoppenmilch, Banane, Reis.

Kinder, die voll gestillt werden, sind nicht verstopft, auch wenn sie 4–8 Tage nicht stuhlen.

Zur Behebung der Verstopfung genügen oft kleine Nahrungsänderungen, z. B.:

Was hilft?

- Bereiten Sie Schoppenmilch mit Fencheltee zu
- Geben Sie löffelweise Fruchtsaft, ab ca. 6 Wochen
- Überprüfen Sie die Dosierung
- Lassen Sie stopfende Speisen weg, bieten Sie dafür ab 5 Monaten Gemüse, Joghurt, Früchte an
- Den Bauch im Uhrzeigersinn massieren, wirkt entspannend

Führen diese Massnahmen nicht zum Erfolg, soll die Mütterberatungsschwester/der Arzt konsultiert werden.

Durchfall

Durchfall kann für den Säugling gefährlich werden. Der hohe Flüssigkeitsverlust stört im Körper lebenswichtige Funktionen. Kinder, die voll gestillt werden, haben keinen Durchfall, auch wenn sie pro Tag mehrmals breiigen bis flüssigen Stuhl entleeren, solange sie sich dabei wohl fühlen.

Als Massnahmen bei Beginn des Durchfalls bieten sich an:

Was hilft?

- Fruchtsäfte weglassen
- Ein neu eingeführtes Nahrungsmittel absetzen
- Zusätzlich leichten Schwarztee geben, der mit Nährzucker oder – wenn nötig – künstlich gesüsst ist
- Gestillte Kinder häufiger an die Brust legen, Zusatznahrung eventuell weglassen
- Diät und Nahrungsaufbau mit der Mütterberatungsschwester besprechen
- Eine Verschlechterung des Zustandes muss sofort dem Arzt gemeldet werden. Stuhlwindel aufbewahren und zeigen

Hautausschläge

Ursache

Die Haut des Säuglings reagiert schnell mit einem Ausschlag auf eine leichte Überwärmung, bestimmte Textilien, unangepasste Nahrung.

Das Gesicht

Im Gesicht treten oft gerötete Stellen, trockene, rauhe Flecken auf. Viele Säuglinge haben nach den ersten Wochen einen Ausschlag, der kommt und geht, er verschwindet mit etwa 4 Monaten fast ganz. Salben sollten sehr zurückhaltend angewendet werden.

Das Gesäss

Das Gesäss des Säuglings muss besonders geschützt werden, da es durch Stuhl und Urin ständig gereizt wird.

Was hilft?

Massnahmen bei geröteten, wunden Stellen sind:

- Mit viel Wasser waschen, mit Kamillenzusatz baden
- Gut trocknen, evtl. föhnen oder kurz sonnenbaden
- So oft wie möglich ohne Windeln strampeln lassen (im genügend warmen Raum, im Sommer auch draussen)
- Häufiger wickeln
- Trocken halten: zusätzlich eine Trockenwindel verwenden
- Plastik-Nässeschutz weglassen oder durch Rohwollhöschen ersetzen
- Wundsalbe sparsam auftragen

Allergien

Allergien, die durch bestimmte Lebensmittel verursacht werden (z.B. Eier, Erdbeeren, Kuhmilch), bestimmte Stoffe in Lebensmitteln (z.B. Farbstoffe) oder in der Luft (Staub, Tierhaare) müssen konsequent gemieden werden. Ist der Säugling auf Kuhmilch allergisch, so sollte die stillende Mutter keine Milchprodukte zu sich nehmen.

Schnupfen

Schon ein «harmloser» Schnupfen ohne sichtbare Schleimabsonderung kann das Wohlbefinden des Säuglings beeinträchtigen. Er kann weniger gut saugen, weil die Atmung durch die angeschwollenen Nasenschleimhäute behindert ist.

Was hilft?

- Feuchte Luft (z.B. Windeln im Zimmer trocknen lassen, Luftbefeuchter),
- Erkältungssalbe für Säuglinge, und wenn nötig, Nasentropfen aus physiologischer Kochsalzlösung (1 dl Wasser und 0,9 g Salz ca. 1/5 Teelöffel kurz aufkochen) erleichtern das Atmen,
- Aufsteigende Fussbäder, zwei- bis dreimal täglich, fördern die Durchblutung und wirken lösend. Natürliche Heilanwendungen sind im Buch von Dr. med. A. Stellmann, «Kinderkrankheiten natürlich behandeln» (Literaturverzeichnis Seite 107) beschrieben.

Oft ist das Kind in dieser Zeit unruhiger, trinkt kleinere Mengen, diese dafür öfters.

Husten

Wenn ein ganz junger Säugling von Hustenreiz geplagt ist, müssen Sie den Arzt aufsuchen.

Fieber

Was ist Fieber?

Kinder reagieren sehr schnell mit hohem Fieber. Halsentzündungen, Ohrenentzündungen, Darmstörungen und Erkältungskrankheiten werden oft von Fieber begleitet. Fieber zeigt an, dass der Körper seine Abwehrkräfte gegen die Störung mobilisiert, es ist selbst keine Krankheit, sondern ein Krankheitszeichen. Mässiges Fieber bis 38,5° C kann unbehandelt bleiben. Behandeln Sie die Ursache des Fiebers (den Schnupfen, die Hals- oder Ohrenentzündung, den Husten), dann wird das Fieber mit der fortschreitenden Heilung von selbst sinken.

Fiebermessen

Bei Säuglingen und Kleinkindern misst man die Temperatur im Darm.

- Kontrollieren Sie, ob die Quecksilbersäule des Fiebermessers unter 35° C steht
- Äusserste Spitze des Thermometers einfetten
- Kind auf den Bauch, zur Seite oder auf den Rücken drehen
- Mit der einen Hand die Gesässbacken des Kindes spreizen, mit der anderen Hand das Thermometer vorsichtig etwa 2 cm tief in den Darm einführen
- Beinchen des Kindes festhalten, damit sich das Thermometer nicht verschiebt
- Sprechen Sie während der Messdauer von 3 Minuten mit dem Kind oder singen Sie ihm etwas vor
- Abgelesene Temperatur ohne jeglichen Abzug ins Krankenblatt eintragen
- Fiebermesser mit Seife und lauwarmem Wasser oder Alkohol reinigen

Körpertemperatur im Darm gemessen (rektal):

- normale Temperatur 37,5° C
- erhöhte Temperatur 37,6 – 38,5° C
- Fieber ab 38,6° C

Es gibt auch Digitalthermometer, die weniger zerbrechlich sind, kein Quecksilber enthalten und die Temperatur bedeutend schneller anzeigen. Kontakt-Temperaturpflaster, die an die Stirne gelegt werden, zeigen ungenau an.

Verhalten bei Fieber

Folgendes Verhalten bei Fieber ist zu empfehlen:

- Wichtig ist, dem fiebernden Kind vermehrt Flüssigkeit (kalten oder warmen Tee, Fruchtsaft) anzubieten, keine Mahlzeit aufzudrängen
- Das Kind nur leicht zudecken
- Sollte das Kind unruhig sein, den Schlaf nicht finden und zusätzlich die Kör-

pertemperatur über 38,6° C steigen, sind fiebersenkende Wickel angezeigt (siehe nachfolgende Beschreibung)

- Raumtemperatur nicht über 18° C
- Das Kind muss gut beobachtet werden
- Steigt das Fieber weiter an oder beunruhigt Sie das Verhalten des Kindes, so rufen Sie den Arzt an.

Fieberkrämpfe

Einige wenige Kinder reagieren bei raschem Ansteigen der Körpertemperatur mit einem Fieberkrampf. Dieser äussert sich ähnlich wie ein Schüttelfrost bei Erwachsenen. Glücklicherweise ist ein Fieberkrampf nicht so gefährlich, wie es im ersten Augenblick aussieht. Dennoch werden die Eltern mit dem Arzt Kontakt aufnehmen, der dem Kind Medikamente verordnet, um weiteren Fieberkrämpfen vorzubeugen.

Dreitagefieber

Es tritt bei Säuglingen zwischen 3 und 15 Monaten plötzlich auf und verschwindet nach 3 Tagen. Die Temperatur ist sehr hoch. Erstaunlich ist, dass das Kind trotz Fieber nicht sehr krank erscheint. Der nachfolgende Ausschlag bestätigt dieses Krankheitsbild.

Fiebersenkende Wickel

Voraussetzung: Füsse und Beine müssen sich warm anfühlen.
Ausführung: Die Wickel reichen von den Fussknöcheln bis zu den Kniekehlen, eventuell können auch die Füsse miteinbezogen werden. Wolltuch und kleine Windel, den Beinchen des Kindes angepasst, unter die Waden legen. Eine kleine Windel in nicht ganz kaltes Wasser tauchen (Schockwirkung vermeiden, 25°). Tuch satt umlegen. Zwischentuch und Wolltuch ebenfalls satt darum wickeln. Dauer: 5–15 Minuten, dann wechseln und wiederholen. Danach Körpertemperatur messen. Nässeschutz (z.B. Plastik) nie um die Beine wickeln, damit keine Stauung entsteht. Das Kind mit dem Wickel nicht alleine lassen.

Allgemeine Massnahmen bei Unpässlichkeiten

Ist das Kind unpässlich, auch wenn Sie den Grund nicht kennen und nicht wissen, was sich daraus entwickelt, bleiben vor allem Sie selber ruhig und zuversichtlich. Versuchen Sie, auf die Unpässlichkeiten mit Beruhigungsmassnahmen einzugehen, die auch in anderen Situationen helfen:

Was hilft?

- Singen, erzählen
- Herumtragen
- Baden

Alle diese Massnahmen helfen dem Kind oft, einen längeren Schlaf zu finden. Schlaf bringt Heilung. Vielleicht ist das Kind nachher wieder munterer, vielleicht sehen Sie klarer, wo die Ursache seiner Unpässlichkeit liegt. Beobachten Sie das Kind weiterhin.

Ein Krankheitszeichen kann nicht für sich alleine gewertet werden. Nur im Zusammenspiel mit weiteren Zeichen und mit dem ganzen Menschen kann es richtig eingeschätzt werden. Auch der Allgemeinzustand des Kindes ist mitentscheidend.

Wenden Sie sich bei Unsicherheiten an die Mütterberatungsschwester, die auf Ihre persönliche Situation eingehen und Sie bei Bedarf auf zusätzliche ärztliche Hilfe hinweisen wird.

Zähne

Zahnen ist keine Krankheit

Das Zahnen ist keine Krankheit; bei den meisten Kindern zeigen sich auch keine Nebenerscheinungen.

Nebenerscheinungen

Es gibt aber Kinder, die in dieser Zeit empfindlich und weinerlich sind, die gerötete Wangen, vermehrten Speichelfluss und evtl. leicht erhöhte Temperatur haben.

Was hilft?

Sie erleichtern dem Kind das Zahnen, indem Sie ihm ein Spielzeug, einen Beissring oder eine Brotrinde geben, auf die es nach Herzenslust beissen kann. Tritt beim Zahnen hohes Fieber oder Durchfall auf, so ist das Kind krank und soll dem Arzt gezeigt werden.

Die Entwicklung des Milchgebisses

Die ersten Zähne stossen etwa in der Mitte des ersten Lebensjahres hervor und die Letzten im Laufe des dritten Jahres (20 Milchzähne).

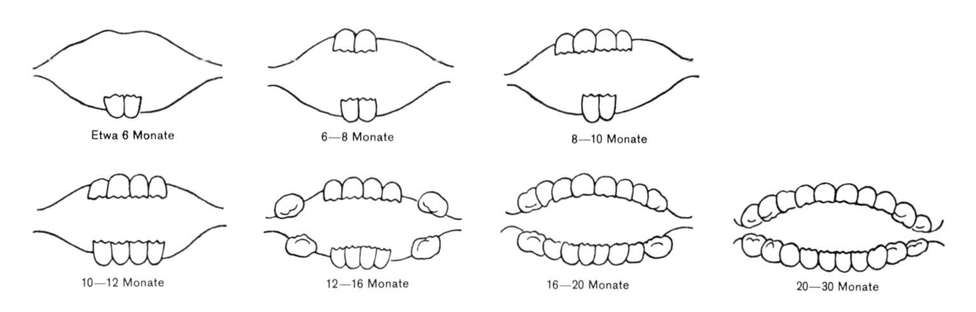

Bei vielen Kindern erscheinen die Zähne in einer anderen Reihenfolge, als im obigen Schema angegeben ist.

Gesunderhaltung der Zähne

Entstehung der Karies

Zahnkaries entsteht im ersten Lebensjahr fast immer wegen zuckerhaltiger Zahnungsgelees oder als Folge von Dauertrinken zuckerhaltiger Getränke (Tee, Fruchtsäfte, Sirupe etc.). Geben Sie die Flasche nicht als Beruhigungsmittel, sondern nur zu den Mahlzeiten.

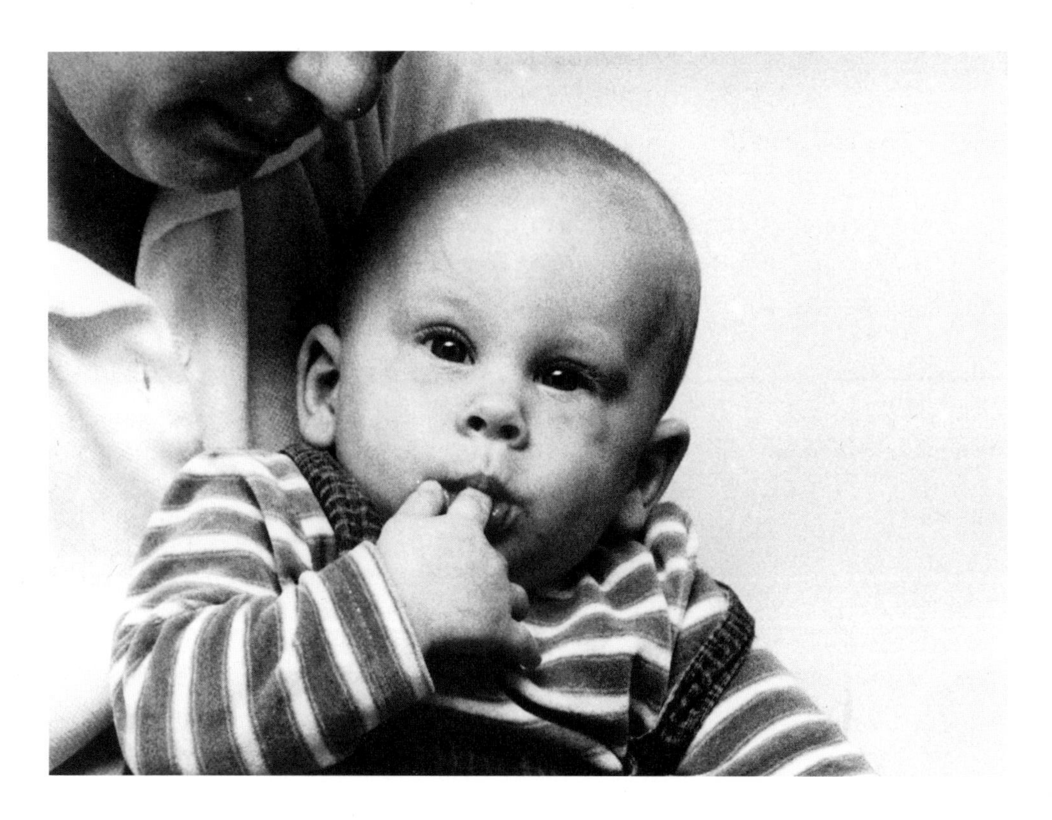

Schutz durch Vollwerternährung

Wichtig ist die Gesunderhaltung der Zähne von innen über die Blutbahn. Eine gesunde Ernährung (vollwertige Nahrungsmittel, eingeschränkte Zufuhr von Zucker) kann viel dazu beitragen.

Mundhygiene

Zahnpasten (nur schwach fluoridhaltige) sollen erst verwendet werden, wenn das Kleinkind gelernt hat, auszuspucken, bis zu diesem Zeitpunkt können Sie dem Kind die Zähne mit Bürste und Wasser reinigen. Vermeiden Sie schaumbildende Pasten, weil sie die nützlichen Bakterien in der Mundhöhle zerstören. Die Zahnbürste sollte einen kleinen Borstenkopf mit abgerundeten Borsten aus Kunstseide haben, und etwa alle drei Monate, ersetzt werden.

Unfälle: Vorbeugen – Erste Hilfe

Viele Unfälle geschehen, wenn die Aufmerksamkeit des Kindes durch Hunger und Müdigkeit, Konflikte oder Tadel vermindert ist. Aus ähnlichen Gründen oder aus Zeitmangel können oft auch die Eltern nicht mehr so gut aufpassen und sind überfordert.

Häufigste Ursachen von Unfällen im Säuglings- und Kleinkindalter sind Stürze, Verbrennungen, Vergiftungen, Ersticken, Elektrounfälle, Ertrinken.

Kinder ahmen Sie nach!

Denken Sie immer daran, dass schon das kleinste Kind Ihnen genau zuschauen und Sie nachahmen wird.

Vorbeugen

Gefahren kennen

Um Gefahren ausschalten zu können, müssen Sie diese kennen. Schauen Sie schon jetzt Ihre Wohnung und nächste Umgebung an, suchen Sie die Gefahrenquellen und treffen Sie entsprechende Massnahmen, zum Beispiel:

Sicherheits- und Schutzmassnahmen:

Zuhause

- Die Pflege des Kindes auf dem Wickeltisch oder im Badewasser bedingt Ihre Anwesenheit: Falls Sie ans Telefon gerufen werden, nehmen Sie das Kind auf dem Arm mit oder legen es auf eine Decke am Boden.
- Prüfen Sie die Wassertemperatur, bevor Sie das Kind in die Wanne setzen.
- Versorgen Sie Schnüre, Bändel, Plastiksäcke gut. In einem gewissen Alter versucht das Kind, alles anzuziehen, und kommt dadurch in Gefahr.
- Prüfen Sie, ob giftige Pflanzen in nächster Umgebung sind und stellen Sie diese weg.
- Bewahren Sie Medikamente, Giftstoffe, Abwasch- und Putzmittel für Kinder unerreichbar auf.
- Flicken Sie defekte Kabel, schützen Sie Steckdosen mit Schutzsteckern; evtl. können Sie die ganze Wohnung mit einem Fehlerstromschutzschalter versehen.
- Bettflaschen und Heizkissen verwenden Sie nur zum Vorwärmen des Bettchens oder des Kinderwagens.

Im Strassenverkehr

- Sie können Ihr Kind im Auto im Kinderwagenoberteil, das auf dem Hintersitz angegurtet wird, im Schalensitz für 0-9 monatige Kinder auf dem Vordersitz oder ab 8 Monaten im Kindersitz hinten transportieren. (Erkundigen Sie sich im Fachhandel).
- Viele Gefahren lauern im Strassenverkehr. Halten Sie sich konsequent an Lichtsignale, Fussgängerstreifen und Trottoirs. Gehen Sie bewusst am inneren Rand des Trottoirs.
- Stellen Sie Ihr Kind im Kinderwagen an einen schattigen Platz. An der Sonne kann es im Wageninnern hohen Strahlungstemperaturen ausgesetzt sein, und dies kann zu gesundheitlichen Schädigungen führen. Grundsätzlich meiden Sie direkte Sonnenbestrahlung für Ihr Kind.

Erste Hilfe

Erste Hilfe

Erste Hilfe leisten, das heisst:

- Ruhe bewahren

- Situation einschätzen (Was ist passiert? Antwortet das Kind? Atmet das Kind? Blutet das Kind?)
- Massnahmen ergreifen

Um Ihnen die Hilfeleistungen zu erleichtern, sind hier die wichtigsten Massnahmen zu einigen Unfallsituationen aufgezählt:

Insektenstiche

- Stachel wenn möglich entfernen
- Einstichstelle mit Insektenstift oder Essig betupfen

Stiche im Mund

- Stiche von Bienen oder Wespen in Hals, Mund oder Zunge: Eis auflegen (Erstickungsgefahr). Rufen Sie den Arzt bei Insektenstichen im Gesicht grundsätzlich an.

Verletzungen

Kleinere Verletzungen

Kleinere Verletzungen können Sie selbst behandeln, indem Sie:

- Die Wundfläche mit Desinfektionsmittel und steriler Gazekompresse desinfizieren: einmal vom Wundinnern ausgehend über die Wunde und die umgebende Haut fahren
- Die Wunde trocken steril verbinden: sterile Gazekompresse an äusserster Ecke fassen und auf die Wunde legen, ohne diese zu berühren
- Die Gazekompresse mit Pflaster, elastischem Netzverband oder Gazebinde fixieren

Grosse Verletzungen

Grössere Wunden müssen vom Arzt behandelt und evtl. genäht werden. Wenn es stark blutet können Sie einen Druckverband machen.

Verbrennungen

Nur kleine, oberflächliche Verbrennungen können selbst behandelt werden:

- Kühlen Sie die verbrannte Stelle sofort mit kaltem Wasser ab, um die Schmerzen zu lindern und grössere Schäden zu vermeiden
- Verbinden Sie die Wunde evtl. wie eine kleine Verletzung (siehe oben)

Grössere Verbrennungen

Als erste Hilfe, bevor Sie den Arzt verständigen, gilt:

- Die verbrannte Stelle sofort während mindestens 10 Minuten unter laufendes kaltes Wasser halten und nachher mit sauberem Tuch (gebügeltes Taschentuch, Handtuch, steriles Dreiecktuch) abdecken.
- Wenn nötig, Kleider des Kindes aufschneiden (nicht abreissen) oder Kind mitsamt den Kleidern in Decke hüllen und sofort den Arzt aufsuchen.

- Grössere Verbrennungen (grosse Flächen, Blasenbildung) müssen vom Arzt behandelt werden!

Elektrizität

Bei Stromunfällen gilt:

- Kind an den Kleidern wegreissen (Körper steht eventuell unter Strom) oder Strom abschalten (Stecker, Sicherung) herausziehen
- Bei ungenügender Atmung künstlich beatmen
- Bei Verbrennungen kaltes Wasser anwenden

Vergiftungen

Tox-Zentrum anrufen 01/251 51 51

Hat das Kind Gift geschluckt, so gilt:

- Feststellen, was und wieviel das Kind verschluckt hat
- Tox-Zentrum oder Arzt anrufen
- Kein Brechversuch ohne ärztliche Anweisung vornehmen
- Kein Salzwasser, keine Milch, nur Wasser (Tee) verabreichen

Ersticken

Ist das Kind am Ersticken:

- Kind aus der Notlage befreien
- Fremdkörper im Rachen nach Möglichkeit mit der Hand herausnehmen
- Falls der Fremdkörper im Kehlkopf steckenbleibt und das Kind Atemnot hat, Kind in «Kopf-unten-Lage» (siehe Zeichnung) bringen und mit kräftigen Schlägen auf den Rücken Kind «ausklopfen»
- Eventuell künstlich beatmen
- Arzt rufen

Leicht geänderte Zeichnung aus: «Erste Hilfe» von G. Hossli, W. Meng, R. Pickel, Huber Verlag und Ex Libris AG, Seite 58.

Bewusstlosigkeit

Bewusstlosigkeit bedingt:

- Seitenlage
- Bei ungenügender Atmung, künstliche Beatmung:
  Kind auf den Rücken legen
  Kopf nach hinten drücken
  Luft durch Mund (Säugling Mund und Nase) einblasen
  Ausatmen lassen
  Atemrhythmus ca. 20mal pro Minute
- Arzt rufen oder zum Arzt, ins Spital fahren

Wichtige Telefonnummern

Notieren Sie sich alle für Sie wichtigen Telefonnummern (toxikologisches Informationszentrum, Arzt, Spital, Sanitätsnotruf, usw.) für eine Notfallsituation, damit Sie rasch handeln können.

Unfälle sind nicht immer Zufälle

«Unfälle sind nicht immer Zufälle», heisst eine Broschüre (Literaturverzeichnis Seite 105), welche Schutzmassnahmen im Leben des Kindes auf einfache Weise beschreibt. Es werden hier auch Anregungen vermittelt, wie das Kind Sicherheit entwickeln kann. Und darum geht es bei der Unfallverhütung in erster Linie.

Zum gleichen Thema bietet das Bundesamt für Unfallverhütung seine Schriftenreihe «die Kinderpost» kostenlos an (Adressenverzeichnis Seite 104).

Inhalt der Hausapotheke

Hausapotheke

Fieberthermometer
Pinzette
Schere
Verbandklammern
1 Paket Verbandwatte
Gazebinden in verschiedenen Breiten
Elastische Binden
1 Schachtel mit sterilen Kompressen
Heftpflaster, hautschonend
Schnellverband

Medikamente für den äusserlichen Gebrauch:

Essigsaure Tonerde (flüssig oder in der Tube)
Desinfektionslösung zur Wundbehandlung
Salbe zum Einreiben bei Erkältungen
Eukalyptusöl zum Inhalieren
Insektenstift, Insektenschutzmittel
Wundbenzin zum Ablösen von Pflasterverbänden
Hot cold pack

Empfehlenswerte Hausmittel (ab ca. 3 Monaten):

zur Beruhigung:	Orangenblütentee, Baldrian
gegen Erkältung:	Brusttee, Kandiszucker, Honig
gegen Verstopfung:	Weizenkleie
gegen Durchfall:	leichter Schwarztee oder Kamillentee
zum Anregen der Verdauung:	Fenchel, Kamille, Pfefferminz

Wichtig!

- Der Apothekerschrank gehört ausser Reichweite des Kindes und soll immer abgeschlossen sein (Höhe mindestens 1,60 m ab Boden)
- Der Inhalt der Hausapotheke ist regelmässig zu kontrollieren, mindestens zweimal jährlich
- Alte Medikamente werden zwecks Vernichtung dem Apotheker zurückgebracht

Verabreichen von Medikamenten

Reaktion des Kindes beobachten

Wenn der Arzt für Ihr Kind Medikamente verordnet, müssen Sie wissen, wann, in welcher Dosierung und wie das Medikament gegeben werden soll. Nach der Einnahme des Medikamentes beobachten Sie das Kind im Hinblick auf seine Reaktion. Der Arzt schätzt es, wenn ihm darüber Angaben gemacht werden können. Grundsätzlich sollen Medikamente nicht im Schoppen verabreicht werden:

Geben Sie das Medikament auf einen Löffel, vermischen sie es mit wenig Schoppenflüssigkeit, Banane oder etwas was das Kind gerne hat und geben Sie es so ein.

Ihr Kind muss ins Spital

Für Kinder ist ein Spitalaufenthalt eine einschneidende Veränderung der Lebensbedingungen.

Verhältnisse im Spital

Wenn Sie im voraus wissen, dass Ihr Kind ins Spital muss, informieren Sie sich genau über die dortigen Verhältnisse. Gehen Sie zusammen mit Ihrem Kind in das Spital und besichtigen Sie es gemeinsam. Erklären Sie ihm, was dort passiert, auch wenn es Ihre Worte nicht versteht. Es geht für Sie und Ihr Kind darum, Vertrauen in die neue Umgebung zu finden.

Besuchszeiten

Rooming-in

Erkundigen Sie sich nach den Besuchszeiten. Klären Sie ab, ob Sie Ihr Kind Tag und Nacht selber betreuen können (rooming-in). Einige Spitäler bieten heute diese Möglichkeit an; Sie müssen jedoch danach fragen!

Lieblingsspielsachen
Gewohnheiten des Kindes

Nehmen Sie vertraute Spielsachen und liebgewordene Gegenstände mit.
Es ist wichtig, dass Sie den behandelnden Arzt und die Schwester über besondere Gewohnheiten Ihres Kindes informieren. Nach Möglichkeit bringen Sie auch Unterlagen über die Geburt des Kindes, seine bisherige Entwicklung und frühere Krankheiten mit.

Operation

Ob ihr Kind operiert werden muss, entscheidet in erster Linie Ihr Arzt. Erkundigen Sie sich bei ihm, ob die Operation allenfalls zu einem späteren Zeitpunkt (d. h. wenn das Kind älter ist) durchgeführt werden könnte.

Informieren Sie sich über den Operationsverlauf und die entsprechende Nachbehandlung. Dies erspart Ihnen Angst und Aufregung. Betreuen Sie Ihr Kind möglichst bis zum Einschlafen, und seien Sie beim Aufwachen aus der Narkose auf jeden Fall bei ihm. Ihre Anwesenheit und Ihre vertraute Stimme beruhigen das Kind.

Narkose

Ambulante Behandlung

Klären Sie auch ab, ob eine ambulante Behandlung möglich ist.

Wieder zu Hause

Wenn Ihr Kind nach Hause darf, braucht es Ihre Liebe und Geduld manchmal noch mehr als während des Spitalaufenthaltes. Besonders intensive Zuwendung der Eltern wird ihm den Übergang in den Familienalltag erleichtern.

Rat und Hilfe

Wenn Sie Rat und Hilfe brauchen, wenden Sie sich an Ihren Haus- oder Kinderarzt oder den Spitalarzt. Auch die Schwester im Spital oder die Mütterberatungsschwester können Ihnen Auskunft geben.

Im Spital ist es nicht immer einfach, genügend Auskunft zu erhalten. Die Schwestern und Ärzte sind oft in Eile, und man hat den Eindruck, sie zu stören. Versuchen Sie, alles zu fragen, was Sie wissen wollen. Bemühen Sie sich allenfalls um einen Gesprächstermin. Es ist wichtig für Sie und Ihr Kind.

Sie können sich jederzeit auch mit dem Verein Kind und Krankenhaus in Verbindung setzen (Adressenverzeichnis Seite 103).

Eltern-Kind-Beziehung während Krankheit und Unfall

Ihr Kind ist krank oder verunfallt – eine neue, überraschende Situation für Ihre Familie.

Was bedeutet Kranksein für das Kind?

Oft ist «Kranksein» mit Schmerz und Unwohlsein verbunden. Viele Kinder fallen in ihrem Verhalten auf eine bereits erlebte Entwicklungsphase zurück. So bereitet es Ihnen sicher Mühe zu verstehen, dass Krankheit und Unfall auch neue Entwicklungsschritte ermöglichen.

Was braucht das kranke Kind?

Besonders wichtig ist es in dieser Zeit, dass Ihr Kind viel Zuwendung und Aufmerksamkeit erhält und die Bindungen zu seinen Bezugspersonen aufrechterhalten, ja sogar vertiefen kann. Auch frühgeborene Kinder oder Säuglinge, die in den ersten Monaten erkranken, brauchen die liebevolle Betreuung durch ihre Eltern.

Ihre liebevolle Betreuung unterstützt den Heilungsprozess

Ihre Gegenwart, ihre bekannte Stimme, ihre Zärtlichkeiten helfen, den Heilungsprozess zu beschleunigen und geben dem Kind die nötige Kraft, auch Schmerz und beängstigende Gefühle besser zu verarbeiten.

Entlastung im Haushalt

Organisatorisch ist diese Situation für den gewohnten Familienalltag oft schwierig zu lösen. Kann der Vater freinehmen, Grosseltern oder ein Nachbar einspringen? Eine fremde Hilfe, z. B. Hauspflege, kann beigezogen werden, oder nicht so dringende Arbeiten bleiben einstweilen liegen. Sie selber werden entscheiden

müssen, was für Ihre Familie machbar und richtig ist. Ihre Anstrengungen lohnen sich auf jeden Fall und sind für das Kind und sein positives Krankheits- oder Unfallerlebnis wichtig.

Das behinderte Kind

Zum Gesundsein gehört auch das Kranksein, das Anderssein oder das Behindertsein.

Früherfassung

Nicht jede Behinderung ist auf den ersten Blick ersichtlich. Auch die Schwere einer Behinderung ist oft nicht abschätzbar. Gewisse Behinderungen können schon in den ersten Lebenstagen erkannt werden. Andere Auffälligkeiten beobachten Sie als Eltern im täglichen Beisammensein mit Ihrem Kind.

Eine sorgfältige Abklärung kann nötig sein. Zögern Sie eine solche Abklärung nicht hinaus! Falls wirklich gewisse Abweichungen erkannt werden, so ist es sehr wichtig, dass diese so früh wie möglich gezielt behandelt werden. Arzt, Mütterberatungsschwester oder Jugend-, Sozial- oder Fürsorgeämter vermitteln Adressen der besonderen Fachstellen Ihrer Region (z. B. heilpädagogische Frühberatungsstellen).

Hier einige Beispiele von Behinderungen:

Bewegungsstörungen

Früherkennung und -behandlung

Bewegungsstörungen im Sinn einer Entwicklungsverzögerung werden ab 3. Monat sichtbar: Wenn die angeborenen Reflexe, die für Neugeborene typisch sind, nicht allmählich verschwinden, sondern bleiben, z. B. der Klammerreflex (die Händchen bleiben zur Faust geballt), wenn die Körpermuskulatur versteift ist. In vielen Fällen kann eine früh einsetzende Bewegungsschulung des Kindes (Physiotherapie) den Entwicklungsrückstand aufheben und dem Kind die vollen Entwicklungsmöglichkeiten zurückgeben.

Sinnesschädigungen

Sehschwäche Hörschwäche

Sinnesschädigungen, insbesondere Seh- und Hörschwäche, lassen sich oft nicht schon bei der Geburt feststellen. Deshalb kommt den Beobachtungen der Eltern in den ersten Lebensmonaten des Kindes besondere Bedeutung zu. Ohne in Überbesorgtheit oder Ängstlichkeit zu verfallen, sollten Sie die Reaktion Ihres Kindes sorgfältig prüfen, z.B. auf Lärm und leisere Geräusche sowie Schielen. Zeitweises Schielen ist in den ersten drei Lebensmonaten normal.

Von höchster Wichtigkeit ist die Früherkennung solcher Behinderungen, da es heute in immer mehr Fällen gelingt, früh behandelte Kinder praktisch unauffällig aufwachsen zu lassen, sei es, weil sie ihre Sinnesausfälle zu kompensieren lernen oder weil ihnen apparativ geholfen werden kann. Deshalb ist es gut, die Termine für Vorsorgeuntersuchungen einzuhalten.

Auffälligkeiten im Verhalten

Kind beobachten

Auffälligkeiten im Verhalten ihres Kleinkindes erkennen Eltern oft über die Feststellung: Mein Kind ist einfach anders als seine Geschwister, das Nachbarkind, das Kind von Bekannten. Dieses Anderssein kann sich auf verschiedene Aspekte beziehen, z. B. ist das Kind auffallend ruhig oder unruhig, es schläft sehr viel oder wenig, es speit oder erbricht häufig, es reagiert sehr gereizt auf Orts- und/oder Personenwechsel usw. Solche Feststellungen können Hinweise sein auf die schon erwähnten Entwicklungsstörungen, Behinderungen oder auf Unsicherheiten und Schwierigkeiten im Umgang mit dem Kind. Eine frühe Abklärung der Ursachen bedeutet für das Kind wie auch für die Eltern eine grosse Entlastung und hilft, die Auffälligkeiten des Kindes zu verstehen, damit umzugehen sowie dadurch auch ruhiger und sicherer zu werden.

Rolle der Eltern

Die Tatsache, Eltern eines behinderten Kindes zu sein, braucht viel Kraft und Zeit, dem Kind in seiner Andersartigkeit zu begegnen und die engeren Grenzen seiner Entwicklungsmöglichkeiten zu akzeptieren. Dank Ihrer Haltung ihm und der Behinderung gegenüber wird es auch dem Kind gelingen, seine Behinderung anzunehmen. Dies ist die wichtigste Voraussetzung dafür, dass es sich optimal entfalten und Freude am Leben und an sich selbst haben kann. Es gibt verschiedene Vereinigungen von Eltern behinderter Kinder, die Erfahrungsaustausch, Beratung und gegenseitige Unterstützung anbieten (Adressenverzeichnis Seite 102).

Behinderung akzeptieren

Menschen als Menschen begegnen

Behinderte und kranke Kinder sind in erster Linie Kinder, handeln und erleben wie andere Kinder auch und möchten anderen Menschen als Menschen begegnen. Sie möchten mit sogenannt «gesunden» Kindern zusammenkommen, nicht nur mit anderen Behinderten.

Die Eltern «gesunder» Kinder sind aufgerufen, der Begegnung nicht auszuweichen, sondern offen auf die Betroffenen zuzugehen und sie in der Gemeinschaft mitzutragen. Dadurch werden die Hemmungen und Ängste auf beiden Seiten abgebaut und ein echtes Verständnis füreinander wird möglich.

Wie geht es weiter?

«Ich habe heute
wieder kaum die Zeitung gelesen
die Nachrichten nicht
ungestört gehört
nicht telefonieren können
den versprochenen Brief
nicht geschrieben
das Kleid nicht
in die Reinigung gebracht
noch nicht abgewaschen
den Blumen
kein frisches Wasser gegeben
nicht fertiggebügelt
nicht alles eingekauft
und keinen einzigen
Gedanken zuende gedacht . . .
Weil das Kind
mich brauchte
rund um die Uhr
weil es Zahnweh hatte
oder einfach
schlecht gelaunt war.»

Gedicht aus: «Muttermomente» von Barbara Traber, Edition Erpf, Bern 1985, Seite 71

Vom Kriechen zum Gehen

Wann lernt das Kind gehen?

Kinder, die es zu einer grossen Fertigkeit im Kriechen gebracht haben, lernen meist später aufrecht gehen als solche, die sich am liebsten überall hochziehen wollen. Der Zeitpunkt des freien Gehens – ob mit 12 oder 16 Monaten – ist für die weitere Entwicklung des Kindes nicht entscheidend (mit 12,8 Monaten geht die Hälfte der Kinder frei, mit knapp 16 Monaten sind es 90%).

Dass ein Kleinkind, welches gerade gehen lernt, «Plattfüsse» hat, braucht Sie nicht zu beunruhigen: es ist völlig normal. Ebenso normal ist es, wenn seine ersten Gehversuche auf den Zehen stattfinden. Mit zunehmender Sicherheit verschwindet dieser Zehengang von selbst. Wichtig für die gesunde Entwicklung des kindlichen Fusses ist, dass das Kind möglichst Gelegenheit hat, seine Fussmuskeln zu kräftigen, d. h. barfuss zu laufen (auf kalten Böden im Haus mit Hüttenfinken). «Lauflernschuhe» und «Lauflernhilfen» aller Art lehren das Kind nicht laufen, sondern gewöhnen es oft nur daran, eine schlechte Haltung beizubehalten (z. B. den Zehengang).

Der aufrechte Gang ändert vieles

Mit dem aufrechten Gang ändert sich aber doch vieles für das Kleinkind. Es bekommt eine andere Sicht der Dinge als aus der bisherigen Teppichperspektive, wenn es auch mit eineinhalb Jahren noch kaum grösser ist als 80 cm. – Noch wichtiger: Es kann nun die verschiedenen vertrauten Plätze der Wohnung miteinander verbinden, die bisher für es ohne Verbindung waren – sein Bett, seinen Kinderstuhl, den Platz am Boden in der Küche, die Wickelkommode, das Bad, das Sofa, den Balkon oder den Garten.

Das Kind lernt, sich im Raum zu orientieren

Es lernt wichtige räumliche Beziehungen kennen

Auf seinen Streifzügen durch die Wohnung lernt das Kleinkind nicht nur den Raum kennen und organisieren, es lernt wichtige räumliche Beziehungen kennen (vorne – hinten, über – unter, nah – fern), es erfährt sich selbst als im Raum handelnd, spürt, wo sich sein Körper im Verhältnis zu den Dingen und den anderen Menschen im Raum befindet, und wie sich sein Körper im Raum auf diese zu oder von ihnen wegbewegt. Das sind grundsätzliche Erfahrungen, die dem Kind erlauben, sich immer besser zurechtzufinden in seiner unmittelbaren Umwelt und ein erstes Bewusstsein seines Selbst zu entwickeln.

Erstes Selbstbewusstsein

Vom Lallen zum Sprechen

Sprechen Sie viel mit Ihrem Kind

Säuglinge mögen es, wenn man sich mit ihnen sprachlich unterhält, und sie verstehen oft erheblich mehr, als Erwachsene im allgemeinen annehmen. Bis zur Schwelle zum zweiten Lebensjahr sind aber erst ganz wenige imstande, den Symbolcharakter der Sprache zu erfassen, das heisst die Tatsache, dass mit bestimmten Wörtern bestimmte «Sachverhalte» mitgeteilt werden können.

Was meint das Kind, wenn es «Ball» sagt?

Die ersten Wörter des Kindes haben die Bedeutung von ganzen Sätzen: «Ball» heisst je nach Situation: «Ist das ein Ball?», «Gib mir den Ball», «Das ist mein Ball», «Wo ist der Ball?», usw. Im Laufe des zweiten Lebensjahres kommen die Zweiwortsätze dazu, die bereits eine ganze Skala von Ausdrucksmöglichkeiten bieten.

Die Bedeutung der ersten Wörter ist häufig weiter als im «richtigen» Sprachgebrauch: «Miau» ist für ein Kleinkind, das mit Katzen vertraut ist, vielleicht gleich «vierbeiniges Tier mit Fell zum Streicheln». Es wird auch einen Hund, ein Kaninchen, ein Meerschweinchen «Miau» nennen, bis sich sein Wortschatz entsprechend erweitert hat. Hat es einmal begriffen, dass jedes Ding einen Namen hat, wird das Kleinkind unermüdlich fragen, was was ist.

Babysprache und Erwachsenensprache

Die Aussprache schwieriger Laute macht dem Kleinkind natürlich Mühe. Es vermeidet komplizierte Wörter, wählt die einfachste Form («au» für Schmerzen, tut weh), Lautmalereien (wau-wau, miau), lässt unaussprechliche Wortteile weg (Tü für Tür, Uhl für Stuhl, Mimi für Milch). Sie selber sollten diese vereinfachte Sprache nur beschränkt verwenden. Daneben sollte das Kind auch viel Gelegenheit haben, Erwachsenensprache zu hören. Es ist wichtig, dass Sie das Kind bei allen seinen Sprachbemühungen unterstützen und nicht in seinem Mitteilungsdrang durch Korrigieren oder Lachen verunsichern.

Erste Entwicklungskrisen

Das Kind will sein «Ich», seine Stärke kennenlernen, indem es ausprobiert, wie Sie auf sein «Nein» reagieren. Gar oft hört es dieses Wort von Erwachsenen, nun beginnt auch es dieses Nein einzusetzen. Es erfährt gerade, dass es anders wollen kann als Sie – eine wichtige Entdeckung für den jungen Menschen.

Grenzen der kindlichen Autonomie

Sobald das Kind seine wachsende Selbständigkeit erprobt, stösst es an Grenzen, mit denen es kaum allein fertig wird: An seine eigenen Grenzen (z. B. Kraft, Geschicklichkeit), Grenzen, die von der Sachwelt (z. B. Fallengelassenes zerbricht, losgelassene Luftballons fliegen davon) oder von Menschen gesetzt sind (z. B. Verbote, Versagungen).

Was ist «Trotz»?

Da packt es die Wut, es brüllt los, tobt, schmeisst Gegenstände um sich: Es ist die Zeit der sogenannten «Trotzausbrüche», welche Sie völlig unvorbereitet treffen.

Es ist recht schwierig, «angemessen» auf solche Ausbrüche zu reagieren, besonders dann, wenn diese in aller Öffentlichkeit stattfinden. Sie fühlen sich gekränkt und machtlos und sind versucht, Ihrerseits ebenso heftig zu reagieren wie das Kind.

Trotzende Kinder sind verzweifelt

Beim genaueren Hinschauen sieht man, dass das Kind verzweifelt ist. Liegt die Ursache des Ausbruchs in der Sachwelt oder im Kind selbst begründet, ist es leichter, dem Kind aus der Situation herauszuhelfen – durch Trösten, Verständnis zeigen («Der schöne Turm ist kaputt, das macht dich traurig»), Mut machen für eine andere, vielleicht etwas leichtere Aufgabe, durch Ablenkung (z. B. eine Geschichte vor sich hinflüstern). Oft weiss der Betreuer jedoch beim besten Willen nicht, was der Auslöser war!

Das Ende ruhig abwarten

Ist es eine Versagung, die Sie dem Kind auferlegten, ein Verbot, das Sie aussprachen, welche zum Ausbruch geführt haben; so bleibt nichts anderes übrig, als das Kind spüren zu lassen, man halte sich für es bereit, sobald es wieder ansprechbar werde. Vielleicht können vertraute Personen beigezogen werden, die ausserhalb des Konfliktes stehen und Zugang zum Kind finden.

Weiterführende Lektüre

Wer sich mit den Fragen rund um die Kleinkinderwut näher auseinandersetzen möchte, wird mit Gewinn das Büchlein von Barbara Sichtermann lesen: «Nein, nein, will nicht!» 1983. (Literaturverzeichnis Seite 106).

Neben den Trotzausbrüchen sind Ängste eine häufige Form von Entwicklungskrisen in der frühen Kindheit. Angst hat oft eine lebenserhaltende Funktion, indem sie vor einer drohenden Gefahr warnt und aktiviert, Gefahren zu überwinden oder sich ihnen durch Flucht zu entziehen.

Wovor haben kleine Kinder Angst?

- Die Angst vor fremden Menschen:

Was ist «Fremdenangst»?

Diese entwickelt sich zwischen 4 Monaten und 1 bis 2 Jahren (Höhepunkt bei 7 bis 10 Monaten). Das Kind starrt den Fremden an, brüllt bei dessen Anblick los, versteckt sich. Nicht alle Kinder reagieren gleich heftig. Sie erleichtern Ihrem Kind die Begegnung mit Fremden, wenn Sie ihm früh längerdauernden Kontakt mit anderen Menschen (Grosseltern, weiteren Verwandten, Nachbarn) ermöglichen. Wichtig ist auch, dass Sie in der Nähe sind und bereit, dem Kind bei sich Schutz zu gewähren. Bitten Sie einen Fremden, die «kritische Distanz» des Kindes zu respektieren, wenn Sie merken, dass der Fremde allzu schnell oder allzu forsch auf das Kind zugeht.

- Angst vor Trennung und Verlassenheit:

Die Angst, verlassen zu werden

Schon mit 3 bis 4 Monaten kann der Säugling Verlassenheitsangst erleben, wenn er sich alleingelassen fühlt, vergeblich ruft und dann in verzweifeltes Weinen ausbricht. Die Angst vor Trennung entwickelt sich erst gegen Ende des ersten Lebensjahres, wenn das Kind imstande ist, die Vorboten des Verlassenwerdens zu deuten. Sie klingt normalerweise spätestens im Laufe des 4. Lebensjahres ab, sobald das Kind den Zeitraum der Trennung zu überblicken vermag und die Rückkehr der Bezugsperson erhoffen und erwarten kann.

- Angst vor Liebesverlust und Strafe:

Die Angst vor Liebesverlust

Die Angst vor Liebesverlust setzt im 2. Lebensjahr ein. Sie lässt sich meist nicht als solche erkennen, sondern nur indirekt, wenn das Kind beispielsweise Trost bei sich selber sucht. Oder sie vermischt sich mit der Angst vor Trennung, wenn das Kind die Trennung als Liebesentzug deutet und sich an die Bezugsperson klammert.

Wie überwinden Kinder ihre Ängste?

Den Kindern stehen grundsätzlich die gleichen Möglichkeiten zur Verfügung wie den Erwachsenen, nämlich Sichabwenden und Fliehen, Schutzsuchen sowie Direktkonfrontation mit der Gefahr. Weil ihre Möglichkeiten, wirksam die Flucht zu ergreifen oder mutig anzugreifen, sehr begrenzt sind, beobachten wir bei kleinen Kindern verschiedene Arten, Schutz zu suchen. So zum Beispiel:

Kleine Kinder suchen Schutz bei Erwachsenen oder bei sich selbst

- Das Schutzsuchen am Körper der Pflegeperson oder ersatzweise an vertrauten Objekten (Kissen, Lutschtuch, Nuggi, Geborgenheit des engen Kinderbettes).
- Das Schutzsuchen am eigenen Körper (als Ersatz für den Körper des Betreuers): vermehrtes Lutschen, Schaukeln, rhythmische Bewegungen. Das

Kind macht sich den eigenen Körper tröstlich fühlbar – übrigens ausser bei Angst auch bei Langeweile. Neben der Berührung können die selbsterzeugten Geräusche eine Rolle spielen, besonders nachts. Kinder füllen die bedrohliche Stille und Dunkelheit mit der eigenen Stimme, indem sie laut vor sich herplaudern, oder mit dem Lärm der Spielsachen, in denen sie herumwühlen.

- Sich trösten durch Befriedigen von Ersatzbedürfnissen, meist über den Mund (Schoppen trinken, Süssigkeiten essen).

Sie erfinden Rituale

- Erfolgreicher zur Überwindung der Angst sind Rituale, bei denen das Kind eine aktive Rolle spielen kann. Bekannt sind die Einschlafzeremonien, welche allabendlich die Angst vor Dunkelheit und Alleinsein bannen sollen. Jedes Kind erfindet einen eigenen Ablauf, in dem Eltern, Kuscheltier, Gute-Nacht-Geschichte, Abendgebet, Gute-Nacht-Kuss usw. ihren festgelegten Platz haben. Ähnlich werden Körperverletzungsängste von manchen Kindern durch Pflasterrituale gebannt.

Das Kind und seine Ängste ernst nehmen

Ängste der Kinder nicht schüren

Die Reaktionen des Kindes weisen bereits den Weg für das Verhalten der Eltern. Nehmen Sie Ihr Kind und seine Ängste ernst. Durch Ihre Verlässlichkeit und Verfügbarkeit geben Sie dem Kind eine Sicherheit, die es ihm ermöglicht, auch mit Ängsten umgehen zu lernen. Ganz allgemein hilft das Ermutigen, damit das Kind ein gesundes Selbstvertrauen entwickelt und sich selbst immer mehr zutraut, trotz gelegentlichen Rückschlägen. Die Ängste der Kinder zu schüren und sie benützen, um sie sich gefügig zu machen, bringt nur kurzfristigen Erfolg. Auf die Dauer erreichen Sie damit das Gegenteil. Im gleichen Sinn sollen Strafen sehr umsichtig angewandt werden. Versuchen Sie, Ihre eigenen Ängste bewusst wahrzunehmen und damit umzugehen, um nicht das Kind zusätzlich mit diesen Ängsten zu belasten.

Erziehen – sich selbst erziehen

Erzieherisch handeln

Es ist leicht, schriftlich aufzuzeigen, wie Eltern erzieherisch richtig handeln sollen. Erziehen ist ein Prozess, und in einem Prozess gibt es Handlungen, die für eine bestimmte Situation richtig, in einer anderen eben ungünstig sind. In der Erziehung Ihres Kindes werden Sie sicher auch oft erfahren, dass dieser Erziehungsprozess mit Ihnen selber, Ihrem eigenen Erziehungshintergrund zu tun hat. Das Kind ist oft wie ein Spiegel, in dem Sie eigene Verhaltensweisen erkennen. Ihre Art, sich in bestimmten Situationen zu verhalten, wird vom Kind nachgeahmt. So kann Ihnen Ihr Erziehungsverhalten bewusst werden, und dadurch haben Sie die Möglichkeit, dieses zu verändern. Fehler in der Erziehung sind menschlich, und Kinder sind in der Regel sehr grosszügig, solange sie grundsätzlich die Echtheit Ihrer Erziehungshaltung spüren.

Sich Grenzen merken

Dem Einjährigen fehlt noch die Einsicht, warum es Dinge nicht berühren darf, mit denen Erwachsene hantieren. Es kann sich allerdings merken, dass es mit bestimmten Gegenständen eine besondere Bewandtnis hat, und einigermassen die gesetzte Grenze respektieren. Klare Grenzen geben dem Kind Halt und Orientierung. Sie sollten aber nicht vergessen, dass Ihr Kind, gerade weil sein Verstand und seine Willenskraft noch unentwickelt sind, ein «Wahrnehmungswesen» ist: es wird geradezu überwältigt von seinen sinnhaften Eindrücken und kann ihnen oft nicht widerstehen.

Freiraum schaffen

Grenzen zu setzen ist eine Seite der Erziehung, Freiraum zu schaffen die andere. Um sich zu entfalten, braucht das Kind Raum, wörtlich und sinnbildlich. Es liegt an Ihnen, diesen beiden Aspekten in der Erziehung Ihres Kindes gerecht zu werden.

Wohnen mit Kindern

Wohnung und Wohnlage

Im Alter zwischen 9 Monaten und 3 Jahren ist die Wohnung ein wichtiges Entdeckungs- und Lernfeld für Ihr Kind. Je nach Ihrer Wohnlage hat es auch ausserhalb der Wohnung mehr oder weniger Möglichkeiten, sich seinem Alter entsprechend zu bewegen.
So oder so wird es für Sie unumgänglich sein, Ihre Wohnsituation zu überdenken, z. B. bezüglich Raumaufteilung, Einrichtungsgegenständen, Bedeutung von Ordnung und Unordnung in Ihrer Familie.

Einrichtung und Zusammenleben

Ihre Phantasie ist nun sehr gefragt. Durch das Kind angeregt und herausgefordert, entwickeln Sie immer wieder neue Ideen, wie Sie diesem Entdeckungs- und Bewegungsdrang Raum verschaffen können: Schaumgummikissen auf dem Fussboden ausgelegt, schaffen Platz zum Turnen, aufeinander geschichtet, ergibt sich daraus ein Kletterturm. Schachteln sind geeignet, sich darin zu verstecken, hinein- und hinauszuschlüpfen. Vielleicht räumen Sie die alten Bücher und andere für das Kind ungefährliche Gegenstände im untersten Regal des Büchergestells ein, damit das Kind sie ausräumen und sich verweilen kann. Auch in der Küche gibt es Dinge, mit denen Kinder gerne hantieren lernen.

Wenn es Ihnen gelingt, Ihre Wohnung den kindlichen Bedürfnissen so gut wie möglich anzupassen, erleichtern Sie sich das Zusammenleben mit ihm. Sie müssen viele «Nein, das darfst Du nicht» gar nicht erst aussprechen. Dem Kind selber bieten Sie auf diese Weise viele ungestörte Spielfreuden.

Kinder lieben Kinder

Wenn ein Kind in eine Familie hineingeboren wird, zu der bereits Kinder gehören, wird der neue Erdenbürger von Anfang an ganz selbstverständlich in mannigfaltige soziale Beziehungen einbezogen.

Kontakte zu Kindern schaffen

Erstgeborene knüpfen ihre ersten Kontakte zu Kindern erfahrungsgemäss später an, manchmal erst im Sandkasten des Kinderspielplatzes. Sie werden es merken: Kinder, schon die ganz kleinen, lieben Kinder! Sie haben Spass aneinander, können viel voneinander lernen – nicht zuletzt, wie man miteinander auskommt. Halten Sie Ausschau nach Möglichkeiten für solche Kontakte in Ihrer nächsten Umgebung. Vielleicht bietet die Mütterberatung eine solche Gelegenheit, Kontakte zu knüpfen.

Das Kind wird selbständiger

Ein Kind fordert heraus

Ein Wechsel von Phasen der Anpassung und Phasen der Selbstdurchsetzung ist für die Entwicklung des jungen Menschen typisch. Die letzteren werden Ihnen auch immer wieder begegnen. Sie sind, das kann man ruhig zugeben, für die Eltern weniger bequem, weil sie herausfordern und zwingen, Liebgewordenes in Frage zu stellen. Aber gerade dadurch stellen sie eine Chance dar, um selbst nicht stehenzubleiben, sondern innerlich zu wachsen.
Wir wünschen Ihnen viel Kraft, Geduld und Toleranz für diese Auseinandersetzungs- und Neufindungsphasen.

Adressenverzeichnis

Mütterberatungsstellen

Auskunft durch die Gemeindeverwaltung Ihres Wohnortes oder durch das

Pro Juventute Zentralsekretariat
Seefeldstrasse 8 / Postfach

8022 Zürich Telefon 01 251 72 44

Stillberatung

Sie können sich eine komplette Liste aller La Leche Liga-Beraterinnen in der Schweiz zustellen lassen. Senden Sie ein an Sie adressiertes, frankiertes Couvert an:

La Leche Liga
Postfach 197

8053 Zürich

oder fragen Sie die Mütterberatungsschwester

Kurse für werdende Eltern (Säuglingspflegekurse)

Diese Kurse werden meist von der Mütterberatungsschwester durchgeführt, oder Sie erhalten bei Ihr Auskunft über diese Kurse. Bei der Sektion des Schweizerischen Roten Kreuzes Ihrer Region erhalten Sie ebenfalls Auskunft über solche Kurse.

Schwangerschaft und Geburt

Informationsstelle für Schwangerschaft und Geburt
Obmannamtgasse 15

8001 Zürich Telefon 01 252 09 15

Schweiz. Hebammenverband
Flurstrasse 26

3000 Bern 22 Telefon 031 42 63 40

Verein Mütterhilfe
Badenerstrasse 18

8004 Zürich Telefon 01 241 63 43

finanzielle und soziale Beratung und Unterstützung

Schwangerschaftsturnen und Rückbildungsgymnastik

Auskunft erhalten Sie bei:

Schweiz. Fachverband für Geburtsvorbereitung
Sekretariat, Frau Maya Stebler
Buenstrasse 73

8600 Dübendorf Telefon 01 821 10 41

Hauspflege / Familienhilfe

Fast in jeder Gemeinde gibt es private oder öffentliche Hauspflegevereine, welche die Einsätze koordinieren.
Sie sind im Telefonbuch zu finden, und wenn es in der Gemeinde keinen solchen Dienst gibt, dann bestimmt im Bezirkshauptort.

Behinderte Kinder

Pro Infirmis Zentralsekretariat
Feldeggstrasse 71

8008 Zürich Telefon 01 383 05 31

Kind und Krankenhaus

Geschäftsstelle
Brigitte Hintermeister

3208 Gurbrü Telefon 031 95 65 02

Alleinerziehende Eltern

Schweiz. Verband alleinerziehender
Mütter und Väter
Zentralsekretariat
Frau Maya Fehlmann
Postfach

8708 Männedorf Telefon 01 920 02 68

Elternvereine, Familienclubs, Elternbildung

Schweiz. Vereinigung der Elternorganisationen SVEO
Frau Rita Oser
Buchenstrasse 89

8212 Neuhausen Telefon 053 22 57 35

Zwillingseltern

Koordination der Zwillingselternclubs

Isabel Noser Telefon 01 932 15 13
Theres Kunz Telefon 032 96 19 16

Familien- und Eheberatungsstellen

Die Beratungsstelle in Ihrer Region erfahren Sie durch das

Pro Juventute Zentralsekretariat

oder das

Institut für Ehe + Familie
Wiesenstrasse 9

8008 Zürich Telefon 01 383 82 82

Familienferien

Pro Juventute führt Eltern-Kind-Ferien durch im

Chesa Spuondas
7500 St. Moritz Telefon 082 3 65 88

Pro Juventute Feriendorf «Bosco della Bella»
6981 Ponte Cremenaga Telefon 091 73 13 66

Familienferien werden auch von vielen kirchlichen Tagungsstätten angeboten. Erkundigen Sie sich bei Ihrer Kirchgemeinde.

Kinderschutz

Schweiz. Kinderschutzbund SKSB
Sekretariat
Postfach

3000 Bern Telefon 031 83 66 88

Schweiz. Stiftung MPB
Waffenweg 15

3014 Bern Telefon 031 40 02 11
(allgemeine Nummer)

Elternnotruf Telefon 01 363 36 60

Ausserdem können Sie sich bei Notfällen (auch Kindsmisshandlung) an alle (Kinder-) Spitäler wenden.

Rechtsberatungsstellen

Vielerorts existieren unentgeltliche Rechtsberatungsstellen.

Die Adressen finden Sie meist im Telefonbuch, auf dem Fürsorgeamt resp. der Gemeindekanzlei

Kinderbetreuung

Gesamtschweizerisch bestehen unterschiedliche Angebote der Kinderbetreuung. Nicht jede Gemeinde verfügt über genügend Einrichtungen und es ist oft schwierig, auf die rechte Spur zu kommen.

Folgende Institutionen können Sie beraten oder Adressen vermitteln:

- Jugendämter
- Jugendsekretariate
- Jugend- und Familienberatungsstellen
- Mütterberaterinnen
- Sozialberatungs- und Fürsorgestellen
- Pro Juventute Bezirkssekretariate oder das Pro Juventute Zentralsekretariat Seefeldstrasse 8, Postfach, 8022 Zürich Telefon 01 251 72 44
- Schweiz. Rotes Kreuz Zentralsekretariat Rainmattstrasse 10, 3001 Bern Telefon 031 66 71 11
- Pro Familia Ahornstrasse 8, 6003 Luzern Telefon 041 44 87 66
- Marie-Meierhofer-Institut für das Kind Rieterstrasse 7, 8002 Zürich Telefon 01 202 17 60

Tagesmütter

Auskunft über Tagesmütter erhalten Sie durch das

Pro Juventute Zentralsekretariat
Informationsstelle Tagesmütter
Seefeldstrasse 8 / Postfach

8022 Zürich Telefon 01 251 72 44

Kinderkrippe

Auskunft erhalten Sie durch

Schweiz. Krippenverband
Postfach 4203

8022 Zürich Telefon 01 251 72 40

Babysitting / Kinderhütedienste

Das Schweiz. Rote Kreuz führt in den lokalen Sektionen Babysitter-Kurse durch für Interessierte ab 14 Jahren

Fragen Sie in Ihrer Region die SRK-Sektion nach Adressen von Babysittern

Auskunft erteilt auch das

Schweizerische Rote Kreuz, Zentralsekretariat
Rainmattstrasse 10

3001 Bern Telefon 031 66 71 11

Diverse Adressen

Bundesamt für Industrie, Gewerbe und Arbeit (BIGA)
Bundesgasse 8

3011 Bern Telefon 031 61 21 11

Konsumentinnenforum der deutschen Schweiz
Beratungsstelle
Rämistrasse 39

8001 Zürich Telefon 01 251 57 70

Schweiz. Beratungsstelle für Unfallverhütung
Postfach 2273

3001 Bern Telefon 031 25 44 14

Schweiz. Toxikologisches Zentrum
Information über Vergiftungs-Notfälle
Telefon 01 251 51 51

Literaturverzeichnis

Schwangerschaft und Geburt

Kitzinger Sheila — Schwangerschaft und Geburt, Kösel Verlag, München 1985, 2. Auflage

Leboyer Frédérick — Geburt ohne Gewalt, Kösel Verlag, München 1981

Nilsson Lennart — Ein Kind entsteht, Mosaik Verlag, München 1983

Wilberg Gerlinde — Zeit für uns, Fischer TB, Frankfurt am Main 1984

Stillen/Ernährung

Bruker Max Otto Dr. med. — Biologischer Ratgeber für Mutter und Kind, Bioverlag gesund leben, D-8959 Hopferau 1982, 2. Auflage

La Leche League — Handbuch für die stillende Mutter, La Leche League, Postfach 197, 8052 Zürich

Lothrop Hanna — Das Stillbuch, Kösel Verlag, München 1984, 8. Auflage

Mommsen Helmut — Gesunde Ernährung durch lebendige Vollwertkost, Verlag Bircher-Benner, Erlenbach 1972

Entwicklung

Herzka Heinz Stefan — Das Kind von der Geburt bis zur Schule, Schwabe, Basel 1984, 6. Auflage

Keller Heidi, Scholmerich Axel — Das Baby Bilderbuch – was mein Kind mir sagen will, Kösel Verlag, München 1983

Leach Penelope — Die ersten Jahre deines Kindes, Ex Libris, Zürich 1985

Meierhofer Marie — Frühe Prägung der Persönlichkeit, Verlag Hans Huber, Bern 1981

Körpersprache, Babymassage

Barth Marcella, Markus Ursula — Zärtliche Eltern, Verlag Pro Juventute, Zürich 1984

Leboyer Frédérick — Sanfte Hände, die traditionelle Kunst der indischen Babymassage, Kösel Verlag, München 1985, 6. Auflage

Szasz Susanne — Körpersprache der Kinder, Verlag Lübbe, Bergisch-Gladbach 1979

Erziehung – Eltern werden und sein

Canziani Willy	Was tun, wenn mein Kind...? Hilfen für den Erziehungsalltag Verlag Pro Juventute, Zürich 1986/1990
Dessai Elisabeth	Erziehen ohne Elternstress Fischer TB, Frankfurt am Main 1984
Haslam David	Schlaflose Kinder, Unruhige Nächte Kösel Verlag, München 1985
Preuschoff Gisela	von 0–3, Alltag mit Kleinkindern Pahl Rugenstein Verlag, Köln 1984, 3. Auflage
Pro Juventute	Elternbriefe Verlag Pro Juventute, Zürich, 1988
Sichtermann Barbara	Leben mit einem Neugeborenen Fischer TB, Frankfurt am Main 1981
Sichtermann Barbara	«Nein, nein, will nicht!» Was tun, wenn Kinder trotzen? rororo TB, Reinbek 1983
Thevenin Tine	Das Familienbett, Geborgenheit statt Isolation Fischer Verlag, Frankfurt am Main 1985, 2. Auflage

Väter

Bullinger Hermann	Wenn Männer Väter werden rororo TB, Reinbek 1983

Spiel und Spielzeug

Alti Versli und Liedli	Atlantis Kinderbücher bei Pro Juventute, Zürich 1984, 9. Auflage
Arbeitsausschuss Gutes Spielzeug	Gutes Spielzeug von A–Z Spiel-Gut, D-Ulm 1985, 18. Auflage
Stöcklin-Meier Susanne	Verse, Sprüche, Reime Orell Füssli, Zürich 1983, 10. Auflage
Stöcklin-Meier Susanne Roggwiler Barbara	Das rechte Spielzeug zur rechten Zeit Verlag Pro Juventute, Zürich, 1987

Gesundheit – Krankheit – Unfallverhütung

Czermak Hans	Die erste Kindheit, medizinischer Ratgeber für das 1. und 2. Lebensjahr Molden Schulbuch, Wien 1982
Roth Heidi Salzberg René Dr. med.	Mein Kind gesund und krank, 2. Auflage Verlag Pro Juventute, Zürich 1985/1990
Schneider Philipp	Unfälle sind nicht immer Zufälle Verlag Pro Juventute, Zürich 1983
Stellmann Hermann Dr. med.	Kinderkrankheiten natürlich behandeln Gräfe und Unzer Verlag, München 1984, 3. Auflage

Rechtsfragen

Arbeitsgruppe Demokratischer Juristen	Wenn zwei zusammenleben, Ratgeber für Paare ohne Trauschein Unionsverlag, Zürich 1983
Das neue Kindesrecht	Eidg. Drucksachen- und Materialzentrale, 3000 Bern

Poetisches

Ende Michael	Momo Thienemann Verlag, Stuttgart 1973
Frutiger Dorothee	Grauer, goldiger Kinderalltag Orell Füssli, Zürich 1984, 4. Auflage
Traber Barbara	Muttermomente Edition Erpf, Bern 1985